Voegelin · Autobiographische Reflexionen

PERIAGOGE

Herausgegeben von

Peter J. Opitz

in Verbindung mit dem

Eric-Voegelin-Archiv, München

1994

ERIC VOEGELIN

AUTOBIOGRAPHISCHE REFLEXIONEN

Herausgegeben, eingeleitet und mit einer Bibliographie von
Peter J. Opitz

Aus dem Englischen von
Caroline König

Wilhelm Fink Verlag

Titel der Originalausgabe:
Eric Voegelin, Autobiographical Reflections

ISBN 3-7705-2847-6

Herstellung: Ferdinand Schöningh GmbH, Paderborn

Inhaltsverzeichnis

VORWORT

Die Zahl der Persönlichkeiten von geistigem Rang und internationaler Reputation in der politischen Philosophie Deutschlands im 20. Jahrhundert ist nicht sonderlich groß. Zu den wenigen herausragenden Gestalten gehört der 1985 in Kalifornien verstorbene Eric Voegelin.

Im Jahre 1958 war Voegelin, der 1938 von Wien aus in die USA emigriert war, nach Deutschland zurückgekehrt, um das an der Münchener Universität gerade gegründete Institut für Politische Wissenschaft aufzubauen. Zehn Jahre später – nach seiner Emeritierung in München – war er aber wieder in die USA zurückgekehrt, um sich hier nun ganz auf sein monumentales Werk *Order and History* zu konzentrieren, dessen Fertigstellung durch den Aufbau des Instituts erheblich verzögert worden war. Doch trotz rastloser Arbeit – 1974 erschien als vierter Band *The Ecumenic Age* – gelang der Abschluß nicht. Erst zwei Jahre nach seinem Tode wurde der von ihm weitgehend fertiggestellte fünfte Band posthum veröffentlicht. Sein Titel – *In Search of Order* – könnte als Überschrift über dem Leben und dem Werk Voegelins stehen, der die Philosophie nie als intellektuelles Glasperlenspiel, sondern immer als existentielle Verpflichtung verstanden hatte.

In den Vereinigten Staaten gewinnt die Auseinandersetzung mit dem philosophischen Werk Voegelins seit Jahren an Breite und Tiefe. Wesentlichen Anteil daran hatte die kompetente bibliothekarische Aufbereitung seines Nachlasses durch die Hoover Institution in Stanford/Calif., wo Voegelin die letzten Jahrzehnte seines Lebens forschend verbracht hatte. Nicht minder bedeutsam ist die von der Louisiana State University Press 1990 begonnene Publikation einer Gesamtausgabe seines Werkes. Dessen erste Bände sind inzwischen erschienen. An der University of Louisiana in Baton Rouge hatte Voegelin von 1942 bis zu seiner Berufung nach München im Jahre 1958 gelehrt; im März 1987 wurde am dortigen College of Arts and Sciences ein *Eric Voegelin Institute* gegründet. Beide Initiativen – die kalifornische und die in Louisiana – haben die Grundlagen für eine intensive Forschung gelegt, die in den USA inzwischen in einer Vielzahl von Publikationen ihren Ausdruck findet.

Die Auseinandersetzung mit dem Werke Voegelins blieb nicht auf die USA beschränkt. Schon Anfang der 80er Jahre entstanden an verschiedenen italienischen Universitäten mit Voegelin befaßte Forschungsschwerpunkte – nachdem seit Mitte der 60er Jahre eine wachsende Zahl von Werken Voegelins ins Italienische übersetzt worden war.[1] In Großbritannien ist die Gründung eines Forschungszentrums – an der University of Manchester – eingeleitet worden. Auch in Polen wurde Voegelins *New Science of Politics* 1992 in die Landessprache übersetzt, die Übersetzung weiterer Werke ist in Vorbereitung. Ebenso hat in Portugal eine intensive Auseinandersetzung mit Voegelin eingesetzt.

Verglichen vor allem mit den Initiativen in den Vereinigten Staaten befindet sich die wissenschaftliche Auseinandersetzung mit der Philosophie Voegelins in Deutschland noch auf einem niedrigen Niveau – zumindest was den Umfang betrifft. Dies hat verschiedene Gründe, von denen nur zwei kurz angesprochen werden sollen: Der erste ist, daß normative Ansätze der politischen Philosophie, insbesondere Ansätze, die an die griechisch-christlichen Tradition anknüpfen, in der deutschen politischen Wissenschaft spätestens seit Mitte der 60er Jahre in die Defensive gerieten.[2] Dominanz gewannen – auf einen sehr verkürzten Nenner gebracht – Schulen, die sich entweder als »analytisch-empirisch« oder als »dialektisch-materialistisch« verstanden. Während die ersteren sich in der Regel auf Teilprobleme der politischen Wissenschaften konzentrierten, prinzipiellen Fragen nach einer normativen Begründung politischer Ordnung aber weitgehend aus dem Wege gingen, befaß-

---

[1] Giuseppe Duso / S. Chignola, Die Rezeption Voegelins in Italien. Ein neuer Weg der politischen Philosophie, *Zeitschrift für Politik*, Jg. 37, Heft 4, Dezember 1990, S. 394–403.

[2] Peter J. Opitz, Spurensuche – Zum Einfluß Eric Voegelins auf die politische Wissenschaft in der Bundesrepublik Deutschland, *Zeitschrift für Politik*, Jg. 36, Heft 3, September 1989, S. 235–356. (!)

ten sich die dialektisch-materialistischen Ansätze, die insbesondere mit den Bewegungen gegen den Vietnamkrieg und der sich in ihrem Kielwasser bildenden antikapitalistischen und antiimperialistischen Strömungen an Zulauf gewonnen hatten, mit einer grundlegenden Kritik der kapitalistischen Gesellschaften und des von ihnen dominierten internationalen Systems sowie mit Strategien ihrer evolutionären und revolutionären Überwindung.

Voegelin hatte aus seiner Abneigung gegen ein szientistisch-positivistisches Theorieverständnis ebensowenig einen Hehl gemacht wie aus seiner Aversion gegen marxistisch- bzw. neomarxistische Ansätze. Daß er bei den Anhängern beider Richtungen auf wenig Gegenliebe stieß, war somit nicht weiter überraschend. Auf Ablehnung stießen zudem seine dezidierten Bemühungen um eine Rehabilitierung der klassischen politischen Philosophie, in der er einen zentralen Ausgangspunkt für die Erneuerung der politischen Wissenschaft sah. Im Eifer der Auseinandersetzung wurde von seinen Gegnern dabei zumeist übersehen, daß es Voegelin nicht um eine Wiederaufnahme platonisch-aristotelischer Doktrinen im doxographischen Sinne ging. Sein Rückgriff auf die klassischen Traditionsbestände bezog sich, wie er im Vorwort der deutschen Ausgabe der *Neuen Wissenschaft* ausdrücklich betonte[3], lediglich auf die »theoretische Grundlegung der Wissenschaft von menschlicher und gesellschaftlicher Ordnung«. Doch ging sein eigener Ansatz sowohl in der bewußtseinstheoretischen Fundierung seiner politischen Philosophie wie auch in seinem Bemühen um deren Einbettung in umfassende geschichtsphilosophische Zusammenhänge, die den Bogen von den kosmologischen Reichen des Nahen und Fernen Ostens bis in die Gegenwart spannten, weit darüber hinaus.

Damit ist der andere Punkt angesprochen, der die Auseinandersetzung mit Voegelin in Deutschland lange behinderte. Sie erfolgte auf einer sehr verkürzten Rezeption seines Werkes – im wesentlichen beschränkt auf die 1959 ins Deutsche übersetzte *Neue Wissenschaft der Politik* und die im gleichen Jahr erschienene kleine Studie *Wissenschaft, Politik und Gnosis*. Obwohl durchaus repräsentativ für das

[3] Eric Voegelin, *Die Neue Wissenschaft der Politik*, Freiburg i. Brsg. – München: Alber [4]1991, S. 15.

Denken Voegelins, eignet sich keines der beiden Bücher besonders gut als Einstieg in sein Werk. Das eine nicht, weil es zu kompliziert, das andere nicht, weil es zu knapp ist – beide nicht, weil sie als »Kampfschriften« konzipiert waren, deren Polemik Gegenpolemik provozierte, die wiederum vom Wesentlichen ablenkte. Daß die beiden Schriften nur einen Bruchteil seines Werkes bildeten, daß neben zahlreichen Aufsätzen auch schon die ersten drei voluminösen Bände seines Hauptwerkes *Order and History* vorlagen – in denen sein theoretischer Ansatz im Detail begründet und entfaltet wurde –, wurde nur von wenigen zur Kenntnis genommen – und auch von diesen Wenigen unterzogen sich wiederum nur wenige der Mühe einer intensiveren Auseinandersetzung mit diesem Ansatz.

Diese eingeschränkte Rezeption verstärkte sich nach der Rückkehr Voegelins in die Vereinigten Staaten, zumal sich seine Publikationen nun wieder stärker in amerikanische Fachzeitschriften verlagerten. Daß sich seine eigene Theorie insbesondere nach 1966, – in diesem Jahr erschien als letzte deutschsprachige Buchpublikation *Anamnesis. Zur Theorie und Geschichte der Politik* – weiter präzisiert hatte und der Entwurf einer Theorie des Bewußtseins nun stärker ins Zentrum gerückt war, blieb unbeachtet. Und dies obwohl Voegelin die zentrale Studie, die diese Wendung markierte, »*Was ist politische Realität*«, 1965 als Grundsatzreferat vor der Vereinigung Deutscher Politischer Wissenschaft vorgetragen hatte.[4] Die Winde des Zeitgeistes hatten begonnen, sich zu drehen; nicht philosophische Rückbesinnung auf die geistigen Wurzeln menschlicher Ordnung war gefragt, sondern positivistische Betriebsamkeit sowie revolutionärer Aufbruch und Aktivismus. Es muß allerdings hinzugefügt werden, daß diese zunehmende Entfremdung Voegelins von den Sozialwissenschaften auch auf seiten Voegelins gefördert wurde, dessen Werk sich von den engeren sozialwissenschaftlichen Sachproblemen zunehmend entfernte und mit Hinwendung zu den bewußtseinstheoretischen Grundfragen immer stärker auf theologische Fragestellungen zubewegte. Bezeichnenderweise zog

[4] Eric Voegelin, Was ist politische Realität?, *Politische Vierteljahresschrift. Zeitschrift der Deutschen Vereinigung für Politische Wissenschaft*, 7. Jg., 1966, Heft 1, S. 2–54.

er deshalb nun auch immer stärker die Aufmerksamkeit der Theologen und Religionswissenschaftler auf sich.

In den 80er Jahren hatten sich die Rahmenbedingungen für eine Beschäftigung mit der Wirklichkeit in wichtigen Bereichen jedoch grundlegend verändert: Das Projekt »Moderne« hatte im Laufe dieses Jahrzehnts erheblich an Glanz verloren und mit ihm auch jene Ideologien und die ihnen nahestehenden wissenschaftlichen Ansätze, die es begleitet hatten. Es hatte deshalb in der westlichen Welt immer mehr Anhänger verloren. Auch die asiatischen Varianten, die schon in den 70er Jahren angesichts eines bürokratischen und imperialistischen Sowjetkommunismus zu neuen Hoffnungsträgern avanciert waren, spendeten ihren Anhängern im Westen keinen Trost mehr. Der Genozid der Khmer Rouge, die Vertreibung Hunderttausender von »boat people« aus Vietnam, zuletzt die blutige Zerschlagung der chinesischen Demokratiebewegung im Juni 1989 kompromittierten nicht nur das »Prinzip Hoffnung«, das sich mit diesen Ideologien verbunden hatte, sondern darüber hinaus auch den Geist der Utopie insgesamt.

Doch auch die in der westlichen Welt entwickelten Varianten des Fortschrittsdenkens verloren erheblich an Strahlkraft. Denn hinter dem Glanz der westlichen Zivilisation wurden immer stärker ihre Schatten sichtbar: die Expansion eines industriell-technischen Wirtschaftssystems, das zunehmend in alle Lebenswelten eindringt und sie seinen Gesetzmässigkeiten unterwirft – ein System, das bewährte Lebensformen zersetzt und einer inneren Verödung des Menschen Vorschub leistet; die wachsende Zerklüftung der Welt durch eine sich immer schneller vertiefende Verelendung weiter Regionen der Erde, durch ökologische Zerstörung und blutige Kriege und Bürgerkriege und ein die Potentiale vieler Länder überforderndes Bevölkerungswachstum; die Kompensation innerer Sinnverluste durch einen überzogenen materiellen Lebensstandard, der die Ressourcen der Welt überfordert und die Lebensgrundlagen zukünftiger Generationen gefährdet. Enthusiasmus hat Ernüchterung Platz gemacht. Die Verantwortung für diese Phänomene ist nicht immer leicht aufzuzeigen und die Schuldzuweisungen an den Westen sind häufig allzu pauschal. Dennoch werden die Grenzen und Begrenzungen einer eindimensional utilitaristisch kalkulierenden Rationalität immer deutlicher.

Zugleich verliert der szientistische Glaube an die Macht der Wissenschaft an Überzeugungskraft, ja er schlägt ins Gegenteil um und macht nunmehr einem tiefen Mißtrauen Platz. Dieses Mißtrauen gilt nicht nur den Naturwissenschaften, die in den Verdacht geraten sind, die Grenzen des Machbaren zu überschreiten und – gleichsam Zauberlehrlingen – Entwicklungen auslösen, die sich ihrer Kontrolle entziehen. Mißtrauen und Kritik treffen auch die Sozialwissenschaften, die trotz eines riesigen materiellen und personellen Forschungsaufwands und einer immer hektischer werdenden Betriebsamkeit nur wenig dazu beitragen, die großen Probleme und Prozesse unserer Zeit zu erkennen und zu bewerten – geschweige denkbare Wege aus der Krise zu weisen. Das klassische Beispiel ihres Versagens sind die jüngsten Vorgänge in Mittel- und Osteuropa und der zerfallenden Sowjetunion.[5] Daß die Realitäten des »realen Sozialismus« einer ihm ideologisch verbundenen und selbst dem sozialistischen Fortschritt verpflichteten materialistisch-dialektischen Wissenschaft entgingen, mag noch verständlich sein; daß jedoch auch die Vertreter der sich empirisch-analytisch verstehenden Ansätze von diesen Entwicklungen überrascht wurden, ist ebenso erstaunlich wie interessant. Allerdings besteht wenig Grund zur Schadenfreude. Denn eine der Folgen dieser Entwicklungen ist eine tiefe Desorientierung, gerade unter der Jugend, von der große Teile den Wegweisern in Richtung »Fortschritt« nicht mehr trauen und sich auf die Suche nach anderen Werten und Welten aufgemacht haben. Diese Situation birgt viele Gefahren, vor allem die Gefahr einer Flucht aus der Realität in neue Mythen und Utopien – sei es in einen New-Age-Utopismus oder ganz allgemein in einen bewußten Anti-Rationalismus. Sie eröffnet allerdings auch neue Chancen. Denn die Desavouierung der alten Mythen, Heilslehren und Utopien durch die Realität schafft auch eine neue Offenheit und fördert damit die Bereitschaft zum Überdenken eigener Positionen. Damit ermöglicht sie auch den Dialog mit jenen Positionen, die dem Projekt »Moderne« von Anfang an skeptisch gegenüber gestanden und vor seinen Versprechungen und Verhei-

---

5 Gerhard Simon, Die Osteuropaforschung, das Ende der Sowjetunion und die neuen Nationalstaaten, *Aus Politik und Zeitgeschichte* B52–53 / 1992, S. 32ff.

ßungen gewarnt hatten. Einer dieser Warner war Eric Voegelin, der sich seit Beginn der 30er Jahre mit den Ursachen der Krise der Moderne und den tieferen geistigen und historischen Wurzeln, die zum Aufstieg moderner Massenbewegungen geführt hatten, beschäftigt und in seiner Philosophie Ansätze zu einer Therapie und damit zur Rückgewinnung der Realität entwickelt hatte.

Die Reihe *Periagogé*, die dieser Band eröffnet, will zu diesem Dialog beitragen. Zum einen und vor allem, indem sie wichtige Schriften des Voegelin'schen Werkes dem deutschsprachigen Publikum – erneut oder erstmals – zugänglich macht; zum anderen, indem sie ein Forum für eine kritische Auseinandersetzung mit der Philosophie Voegelins, vor allem aber für ihre kreative Anwendung und Weiterentwicklung bietet. Um die Grundlagen für einen solchen Dialog zu legen, wird der Schwerpunkt der Reihe zunächst auf einer Rekonstruktion dieses Werkes liegen.

Eine besondere Bedeutung kommt dabei dem ersten Band, den *Autobiographischen Reflexionen* Voegelins, zu. Erheblich besser und grundsätzlich anders als jeder einleitende Essay vermittelt Voegelin selbst in diesen Texten, die zwischen dem 26. Juni und dem 7. Juli 1973 entstanden, Einblicke in die Zusammenhänge, Brüche und Kontinuitäten, die Leben und Werk aufweisen, vor allem aber in die Erfahrungen, die das eigene Denken prägten und es in seiner Besonderheit bestimmten. Gerade weil sie Voegelins eigene Sicht darstellen, sind die *Autobiographischen Reflexionen* beides – Selbstreflexion, aber zugleich auch untrennbarer Teil dieses Werkes. Daß sie – Mitte der 70er Jahre zu Protokoll gegeben – dieses Werk nicht in seiner Gänze umfassen, sondern das wichtige letzte Jahrzehnt und das Ringen um die endgültige Form von *Order and History* unberücksichtigt bleiben, ist zwar bedauerlich, beeinträchtigt aber kaum den Gesamteindruck von der Haltung, die der Philosophie Voegelins zugrunde liegt.

Eine ausführliche Einführung in die *Autobiographischen Reflexionen* erübrigt sich – das Buch spricht für sich selbst. Und da es für sich selbst spricht, werden es eher die in dieser Reihe erscheinenden Schriften sein, die allmählich die Philosophie und die Biographie Voegelins in Einzelheiten ausführen und vervollständigen. Sinnvoll erscheinen allerdings einige Bemerkungen zum Anlaß und zur Intention dieser Reflexionen. Den Anstoß zu ihnen gab Ellis

Sandoz, einer der engagiertesten und produktivsten amerikanischen Schüler Voegelins.[6] Auf der Suche nach biographischen Einzelheiten hatte er Voegelin um eine Reihe von Interviews gebeten, in denen er ihn über die einzelnen Abschnitte seines Lebens befragte und die Antworten auf Tonband aufnahm. Die formale Aufteilung des Buches in 27 Kapitel reflektiert ein wenig diesen Interview-Charakter und die Stimmung der einzelnen Sitzungen, in denen sie geführt wurden. Doch auch in der inhaltlichen Darstellung hat die Art des Zustandekommens des Buches Spuren hinterlassen – positive wie negative. Einerseits fallen manche Berichte etwas holzschnittartig aus – ohne jene Differenzierungen, die bei einer schriftlichen Darstellung oder bei weiteren Nachfragen möglich gewesen wären. Andererseits vermittelt die spontane, unambitionierte Erzählform viel vom persönlichen Stil Voegelins, von der Art seines Argumentierens, vom existentiellen Pathos seiner Philosophie, aber auch vom Kampf mit den sozial dominanten Ideologien, der seine Philosophie wesentlich prägt.

Zu berücksichtigen ist schließlich, daß diese Reflexionen ursprünglich gar nicht zur Publikation bestimmt waren und bezeichnenderweise auch erst einige Jahre nach dem Tode Voegelins erschienen; allerdings wurden sie in der vorliegenden Fassung von ihm selbst gelesen und korrigiert. Eine Autobiographie hätte vermutlich anders ausgesehen. Doch wahrscheinlich hätte er eine solche nie geschrieben – allein schon deshalb nicht, weil ihm die philosophische Durchdringung des Dramas menschlicher Existenz weitaus wichtiger zu sein schien als die Details seines eigenen Lebens. Bezeichnenderweise tritt dieses eigene Leben, je weiter sich die Reflexionen in der Zeit voranbewegen, immer mehr zurück. In den Vordergrund drängen stattdessen Themen, die Voegelin weit mehr interessierten: die Motive des Philosophierens, das Problem der Wahrheit, ihre Differenzierungen und Dimensionen, das menschliche Bewußtsein, die Modi seiner Bewegungen und seine Spannung zum Grund. Es ist kein Zufall, daß das Buch in Medita-

[6] Siehe dazu die Einleitung von Ellis Sandoz zu *Autobiographical Reflections*, Louisiana University Press 1989, sowie sein Buch *Voegelinian Revolution: A Biographical Introduction*, Louisiana State University Press 1981.

tionen über die Praxis des Sterbens und die eschatologische Spannung der Humanität des Menschen endet sowie mit der Erinnerung daran, daß sich die klassischen Philosophen dessen bewußt waren, daß die »Tätigkeit des Philosophierens ein Prozeß des Unsterblichwerdens in der Welt ist«.[7] Gerade weil Leben und Werk in den *Autobiographischen Reflexionen* unmerklich zu einer Einheit verfließen, hat Cleanth Brooks recht, wenn er das Buch nicht nur als das vielleicht wärmste und engagierteste aller Bücher Voegelins nennt, sondern »wahrscheinlich auch die beste und lesbarste Einführung in sein Werk«. Dem ist nichts hinzuzufügen.

Mit den *Autobiographischen Reflexionen* ist nun ein Gesamtrahmen gegeben, in den sich die folgenden Studien dieser Reihe zwanglos einpassen lassen und der selbst wiederum von diesen in vielen Einzelheiten ausgefüllt und differenziert werden kann. Dabei folgt die Reihenfolge zunächst dem alten aristotelischen Prinzip, sich vom Bekannten zum Unbekannten voranzubewegen. Bekannt – und inzwischen auch wieder in einer deutschen Neuauflage verfügbar[8] – ist die *Neue Wissenschaft der Politik*. Insbesondere die in ihr entworfene Theorie der Moderne und der sie prägenden ideologischen Massenbewegungen hat durch die oben beschriebene Veränderung der Rahmenbedingungen noch an Aktualität gewonnen. Da jedoch die geistigen und historischen Wurzeln dieser Bewegungen in ihr nur grob skizziert, nicht aber näher beschrieben wurden, beginnt die Reihe mit zwei Studien, die ebenfalls diesem Thema gewidmet sind und die in gewisser Weise der *Neuen Wissenschaft* zugrunde liegen.

Das gilt zum einen für die *Politischen Religionen*. In dieser schmalen Abhandlung legte Voegelin seine erste zusammenhängende Analyse der politischen Bewegungen der 30er Jahre in Europa vor – wobei es ihm vor allem darum ging, ihren religiösen Wesenskern freizulegen und sie damit zugleich in größere geistesgeschichtliche Zusammenhänge einzuordnen. Die *Politischen Religionen* er-

---

[7] Eric Voegelin, *Autobiographische Reflexionen*, S. 145.

[8] Ergänzend zu der im Alber Verlag 1991 erschienenen Neuauflage der *Neuen Wissenschaft* vgl. Eric Voegelin, Alfred Schütz, Leo Strauss und Aron Gurwitsch, *Briefwechsel über »Die Neue Wissenschaft der Politik«*. Freiburg – München: Verlag Karl Alber, 1993.

schienen im Frühjahr 1938 – d.h. sie sollten erscheinen, fielen dann aber der Beschlagnahme durch die Nationalsozialisten zum Opfer und erschienen ein Jahr später, nachdem das Verlagshaus Bermann-Fischer nach Stockholm gezogen war, in einem zweiten Anlauf in der Reihe »Ausblicke«. Aufgrund der damaligen Entwicklungen in Deutschland war der Umlauf des Buches jedoch begrenzt; erst nach dem Weltkrieg tauchten vereinzelte Exemplare wieder in Antiquariaten auf. Wenn es trotz seines begrenzten Bekanntheitsgrades 1986 zu einer Übersetzung ins Englische kam und derzeit eine Übersetzung ins Italienische in Vorbereitung ist, so hat dies einen doppelten Grund: Einmal handelt es sich um eine hellsichtige, auch heute noch sehr lesenswerte Analyse der faschistischen und nationalistischen Bewegungen und der Faszination, die diese auf viele Menschen jener Zeit ausübten. Ferner enthält der Essay neben vielen Einzelelementen, die in den folgenden Jahrzehnten von Voegelin in ihren Implikationen weiterentwickelt wurden, auch schon den Aspekt zu einem neuen erweiterten Politikbegriff. Insofern ist er auch ein Schlüssel zu seinem späteren Werk.

Das gleiche gilt für die zweite Studie, *Das Volk Gottes*, die der bislang noch weitgehend unveröffentlichten monumentalen *History of Political Ideas* Voegelins entnommen wurde.[9] Auch sie behandelt die geistigen Wurzeln und geistesgeschichtlichen Traditionen der modernen Massenbewegungen und verfolgt diese weit in die Vergangenheit zurück – über die puritanischen Sektenbewegungen des 17. Jahrhunderts in England, die Katharer, die Bogumilen, die Paulikianer bis in das Ursprungsgebiet im Nahen Osten.

Die *Politischen Religionen* bildeten einen ersten tastenden Versuch, der, wie Voegelin später selbstkritisch bemerkte, die verschiedensten Phänomene – von der religiösen Bewegung Echnatons über mittelalterliche Theorien, den Leviathan von Hobbes bis zur nationalsozialistischen Symbolik – behandelt hatte. Sprung-

---

[9] Einige ausgewählte Teile erschienen in: Eric Voegelin, *From Enlightenment to Revolution*, ed. by John H. Hallowell, Durham, N.C.: Duke University Press 1975. Zur *History of Political Ideas* siehe im einzelnen Peter J. Opitz, Erste Spurensicherungen: Zur Genesis und Gestalt von Voegelins »History of Political Ideas«, in: Eric Voegelin, *Das Volk Gottes*, München: Wilhelm Fink Verlag, 1994.

haft und blockartig, die einzelnen Elemente mit breiten Strichen verbindend. In dieser zweiten Studie ist die Linienführung nun schon viel sicherer, direkter und dichter, der Materialhorizont breiter und vielfältiger. Vor allem vollziehen sich die analytische Durchdringung der in den Quellen überlieferten Symbolordnungen und die Rückführung auf die ihnen zugrunde liegenden Geisteshaltungen und die sie wiederum prägenden Grunderfahrungen schon sehr viel gezielter. Wir befinden uns hier schon mitten in dem Prozeß der Lösung Voegelins von der traditionellen Form der politischen Ideengeschichte[10] und des Durchbruchs zu einem neuen theoretischen Ansatz, der dann in der *Neuen Wissenschaft* erstmals vorgestellt und in den Einleitungen der ersten beiden Bände von *Order and History* zur Entfaltung gebracht wurde[11].

Das Volk Gottes ist die erste Teilstudie aus der *History of Political Ideas*, die in dieser Reihe vorgelegt wird. Weitere sollen folgen –, weil es sich bei ihnen um brillante, in sich stimmige Analysen zentraler Probleme der Geistesgeschichte des Westens handelt; und weil sie die weitere Materialbasis bilden, auf der sich die Philosophie Voegelins entwickelt und auf die er sich später immer wieder – zumindest implizit – bezog. Dennoch ist keine Vollständigkeit intendiert, und es geht auch nicht nur um die Vorlage bislang unbekannter Arbeiten. Die Intention der Reihe ist es vielmehr, durch eine Auswahl unveröffentlichter und veröffentlichter Studien die innere Dynamik und Logik nachzuzeichnen, in der sich das Denken Voegelins und damit auch sein Werk entwickelte – hin zu jener Theorie des Bewußtseins, in der er schließlich das »Kernstück einer Philosophie der Politik« sah.[12] Erst aus dieser Intention gewinnen die einzelnen hier vorgelegten Studien ihren systematischen Zusammenhang und die Reihe als Ganzes ihre innere Ein-

---

[10] Eric Voegelin, Political Theory and the Pattern of General History, *The American Political Science Review*, The American Political Science Ass., Vol. XXXVIII, No.4, S. 746–754.

[11] Deutsche Übersetzungen der beiden Einleitungen finden sich in: Eric Voegelin, *Ordnung, Bewußtsein, Geschichte*. Späte Schriften – eine Auswahl. Hrsg. von Peter J. Opitz, Stuttgart: Klett-Cotta, 1988.

[12] Eric Voegelin, *Anamnesis. Zur Theorie und Geschichte der Politik*, München: R. Piper & Co, 1966, S. 7.

heit. Mit dieser Intention sollen gleichzeitig auch die Phasen und Stufen jenes meditativen Prozesses nachvollzogen werden, in dessen Verlauf sich Voegelin von den äußeren Erscheinungen und ihren Schatten löste und sich – im platonischen Sinne – der Erhellung jener Spannung zum Grund zuwandte, in der der Mensch die Substanz und damit den Sinn seiner Existenz findet. Der Begriff *periagogé*, der im Laufe der Jahre immer häufiger in den Schriften Voegelins auftaucht, erschien deshalb am besten geeignet zur Bezeichnung dieser Reihe.

Peter J. Opitz
Wolfratshausen, März 1993

1

DIE UNIVERSITÄT IN WIEN

Ich besuchte die juristische Fakultät der Universität in Wien von 1919 bis zum Abschluß meiner Promotion im Jahre 1922. Die Atmosphäre an der Universität war damals geprägt vom Zusammenbruch des österreichisch-ungarischen Reiches gegen Ende des Ersten Weltkrieges. Von Aufbau und Anspruch her war die Universität nach wie vor die Universität der Hauptstadt des alten Reiches. Diese Atmosphäre einer Metropole spiegelte sich sowohl in der Ausrichtung der Forschung als auch in der persönlichen Haltung der Professoren wider. In meiner Studienzeit und die ganzen zwanziger Jahre hindurch, ja bis in die frühen dreißiger Jahre hinein, als sich die Auswirkungen des Nationalsozialismus bemerkbar machten, hatte Wien ein außergewöhnlich hohes intellektuelles Niveau und war in einer Reihe von Wissenschaften international führend. Da ist zunächst einmal Kelsens Reine Rechtslehre zu nennen, repräsentiert von Kelsen selbst und einer wachsenden Zahl von jungen Männern, die er ausgebildet hatte, insbesondere Alfred Verdross und Adolf Merkl. Zweitens gab es die österreichische Grenznutzenschule. Eugen Böhm-Bawerk war bereits gestorben, aber der große alte Ökonom Friedrich von Wieser[1] lehrte noch immer und hielt den Grundlagenkursus in Wirtschaftstheorie. Zu den jungen Ökonomen gehörte Ludwig von Mises, der mit seiner Entwicklung der Geldtheorie berühmt geworden war. Joseph A.

[1] *Anmerkung der Übersetzerin:* Vgl. amerikanisches Original, in dem an dieser Stelle der Name »Leopold von Wieser« erwähnt wird. Hier liegt offensichtlich eine Verwechslung mit dem deutschen Nationalökonom und Soziologen Leopold von Wieser (1876–1969) vor, der in Hannover und Köln lehrte.

Schumpeter lehrte zu dieser Zeit in Graz, aber seine Werke wurden natürlich ausführlich in Wien gelesen.

Zu den intellektuellen und geistigen Welten, die einen jungen Menschen damals beeindruckten, gehörte auch die Schule der theoretischen Physik. Sie ging auf Ernst Mach zurück und wurde zu meiner Studienzeit durch Moritz Schlick vertreten. Eine wichtige intellektuelle Rolle spielte in diesem Kreis Ludwig Wittgenstein, weniger durch seine physische Präsenz als durch sein Werk. Ebenso muß das Österreichische Institut für Geschichtsforschung erwähnt werden, vertreten durch Alfons Dopsch, der zu dieser Zeit mit seiner Arbeit über die Geschichte der karolingischen Wirtschaft zu internationalem Ansehen gelangt war.

Zu den aufstrebenden jüngeren Männern gehörte Otto Brunner, der später (mit seinen Theorien über den mittelalterlichen Feudalismus, wie er sie insbesondere in *Land und Herrschaft* [vierte Ausgabe, 1959] vorstellte) zu Ruhm gelangen sollte. Ein weiteres Glanzlicht der Wiener Universität war damals die kunsthistorische Fakultät – mit Forschern wie Max Dvořák und Josef Strzigowski. Dvořák war bereits gestorben, als ich zu studieren anfing, aber Strzigowski war noch in Amt und Würden. Ich besuchte seine Kurse über die Geschichte der Renaissance-Kunst; was mich besonders anzog, war sein Interesse für die Kunst des Nahen Ostens. Seine zweibändige Arbeit über Armenien ist ein großartiges Werk. In jener Zeit florierte in Wien auch das Institut für Urgeschichte.

Mehr zu den Randgebieten meines Interesses gehörten so berühmte Einrichtungen wie das Institut für Byzantinische Musik unter Egon Wellesz, den ich zu einem späteren Zeitpunkt auch persönlich kennenlernen sollte. Nach der Machtübernahme durch die Nationalsozialisten ging Egon Wellesz nach Oxford. Ein weiterer massiver Einfluß ging von den Psychologen aus. Ich besuchte Kurse bei Hermann Swoboda, der sich der Theorie der Rhythmen von Ernst Kries verschrieben hatte und wiederum ein enger Freund Sigmund Freuds war. Zum Hintergrund von Swobodas Psychologie gehörte auch seine frühe Freundschaft mit Otto Weininger. Die Werke Weiningers wurden damals von jedermann gelesen. Die größte Wirkung in der Psychologie jener Zeit hatte natürlich Sigmund Freud. Ich gehörte nicht zum Zirkel Freuds und bin ihm auch niemals begegnet, aber ich kannte eine Reihe jüngerer Leute, die von ihm ausgebildet worden waren. Die bedeutendsten Psychologen unter meinen Bekannten waren Heinz Hartmann, der später nach New York ging; Robert Waelder, der sich später in Philadelphia niederließ, und Kries, der nach Australien auswanderte.

Nun zur Zusammensetzung der juristischen Fakultät: Die großen geistigen Köpfe, die die Studenten damals anzogen, waren der Jurist und Vater der österreichischen Verfassung, Hans Kelsen, und der Ökonom und Soziologe Othmar Spann. Spann hatte eine Theorie des Universalismus entwickelt und war Autor einer Strukturanalyse der Volkswirtschaft, die vom Inhalt her bei weitem den thematischen Rahmen überschritt, den die beschränktere Grenznutzentheorie absteckte. Dritte Persönlichkeit, die die Studenten in Scharen anzog, war Carl Grünberg, ein vehementer Verfechter der Sozialdemokratie. Im Zuge der Umwälzung, die durch den Zusammenbruch des Reichs und die Ausrufung der Republik 1918 ausgelöst wurde, hatte die sozialdemokratische Partei an Macht gewonnen, und bei der ersten Wahl, an der ich teilnehmen konnte, wählte ich sie. Ihr Chefideologe war Max Adler. Weniger bedeutend für mich persönlich waren einige ausgezeichnete Juristen – Strisower auf dem Gebiet des internationalen Rechts, Schey, der die Reform des bürgerlichen Gesetzbuches durchgeführt hatte, und Hupka auf dem Gebiet der Zivilprozeßordnung.

Ich hatte mich für den Studiengang eingeschrieben, der mit dem *Doctor rerum politicarum* abschloß. Meine Entscheidung für diesen Studiengang war teils ökonomisch bedingt, teils prinzipieller Natur. Was meine wirtschaftliche Situation anbelangt, so war ich sehr arm, und ein Doktortitel, den man in drei Jahren erlangen konnte, war da sehr verlockend. Für eine Promotion in Jura wären vier Jahre nötig gewesen. Prinzipieller Bewegungsgrund war ein unbestimmter, aber schon damals starker Drang, eine wissenschaftliche Laufbahn einzuschlagen. Der Doktor in Jura hatte zwar den verlockenden Vorteil, daß man zu guter Letzt in den Staatsdienst eintreten konnte, wenn man nicht selbständiger Rechtsanwalt wurde; ich aber wollte nicht Staatsbeamter werden. Ferner war die Entscheidung für Politikwissenschaft bestimmt von der Anziehungskraft, die von der Fakultät mit Kelsen und Spann als Professoren ausging. Eine Alternative, die mein Vater, ein Bauingenieur, und ich zu jener Zeit ernsthaft erwogen, war der Einstieg in den Bereich der Physik oder der Mathematik. Aber die Politik übte die stärkere Anziehungskraft aus. Immerhin – nachdem ich in Politikwissenschaft promoviert hatte, schrieb ich mich an der philosophischen Fakultät für Mathematik-Seminare ein, insbesondere bei Philipp Furtwängler in *Funktionentheorie*. Aber diese Studien betrieb ich alles andere als stetig und systematisch. Ich konnte mich einfach nicht für mathematische Fragestellungen begeistern.

Während dieser drei Jahre knüpfte ich auch freundschaftliche Beziehungen zu gleichaltrigen Studenten; einige von ihnen waren vielleicht ein oder zwei Jahre älter. Auch wenn der Altersunterschied nur geringfügig war, so hatten sie doch durch den Militärdienst eine Reife gewonnen, die andere wie mich (die aufgrund ihres Alters nur knapp der Einziehung entkommen waren) anzog. Gelegenheit zu Kontakten ergab sich in den gemeinsamen Kursen und vor allem in den Seminaren. Drei dieser Seminare sollten von besonderer Bedeutung für den Zusammenhalt einer Gruppe von jungen Männern sein, über die ich etwas sagen muß. Da ist zunächst einmal das Seminar von Othmar Spann zu erwähnen, nicht weil es das wichtigste in diesem Zusammenhang gewesen ist, sondern weil ich hier einige Menschen kennenlernte, die später aus meinem Leben verschwanden. Das allgemeine Klima unter den Leuten um Spann und denen, die sich von ihm angezogen fühlten, war geprägt vom Romantizismus und vom deutschen Idealismus mit einer stark nationalistischen Komponente. Einige von ihnen sympathisierten später mit dem Nationalsozialismus oder mit sogar noch radikaleren nationalen Bewegungen. Zu der Zeit, als der Nationalsozialismus massenwirksam wurde, ging der Kontakt zu diesen Leuten mehr und mehr zurück und wurde auch später nicht wiederaufgenommen. Ich muß auf diese Phase eingehen, weil ich über Spann und die Mitarbeit in seinem Seminar, insbesondere in seinem Privatseminar, das ich einige Jahre lang besuchte, Zugang zur klassischen Philosophie (Platon und Aristoteles) und zu den Systemphilosophen des deutschen Idealismus, Johann Gottlieb Fichte, Georg W. F. Hegel und Friedrich W. J. Schelling, gewann. Wichtiger für mein späteres Leben waren – wahrscheinlich weil sie mehr meinen eigenen Neigungen entsprachen – die Seminare von Kelsen und Mises. Bei Kelsen, und wiederum vor allem in dessen Privatseminar, lernte ich die älteren Mitglieder des Seminars kennen, insbesondere Verdross vom Internationalen Recht und Merkl vom Verwaltungsrecht. Zu den gleichaltrigen Studienkollegen gehörte Alfred Schütz, später Professor für Soziologie an der New School of Social Research in New York; Emanuel Winternitz, der Kurator der Musikinstrumentensammlung des Metropolitan Museum wurde, nachdem Hitler uns allesamt aus Österreich hinausgeworfen hatte; der Rechtsphilosoph Felix Kaufmann, der Professor an der New School of Social Research wurde, und Fritz Schreier, der in die Marketing- und Werbebranche einstieg, als er nach Amerika kam. Schließlich ist da noch das Privatseminar von Ludwig von Mises zu erwähnen, das ich viele Jahre lang bis zum Ende meiner Zeit in Österreich besuchte. Hier entstanden meine Kontakte zu Friedrich August von Hayek, Oskar Morgenstern, Fritz Machlup und Gottfried von Haberler.

Aus diesen Zirkeln, die von den Instituten, von den persönlichen Freundschaften und den Beziehungen zwischen den Institutsangehörigen und Außenstehenden geprägt waren, kristallisierte sich schließlich eine Vereinigung heraus, die – mit ironischem Unterton – *Geistkreis* genannt wurde. Es war eine Gruppe junger Leute, die sich regelmäßig einmal im Monat traf. Diese Treffen verliefen folgendermaßen: Einer von ihnen hielt einen Vortrag über ein Thema eigener Wahl und die anderen nahmen ihn anschließend auseinander. Da man sich als eine zivilisierte Gesellschaft verstand, galt die Regel, daß Gastgeber und Referent des jeweiligen Treffens nicht ein und dieselbe Person sein durften. Dies, weil die Hausherrin anwesend sein durfte (sonst waren Frauen nicht zugelassen). Schließlich wäre es nicht höflich gewesen, einen Gentleman in Gegenwart seiner Frau so hart anzupacken. Zu dieser Gruppe, die stetig wuchs und nur dann und wann um ein Mitglied kleiner wurde, gehörten jeweils für eine gewisse Zeit die meisten der eben aufgezählten Personen: vor allem Alfred Schütz, Emanuel Winternitz, Haberler, Herbert Fürth, der Kunsthistoriker Johannes Wilde, der Psychoanalytiker Robert Waelder, Felix Kaufmann, der Historiker Friedrich von Engel-Janosi und Georg Schiff. Ein wesentliches Merkmal des Kreises bestand darin, daß wir allesamt ein geistiges Interesse für diese oder jene Wissenschaft besaßen, gleichzeitig aber ein großer Teil der Mitglieder nicht einfach nur zur Universität ging, sondern auch geschäftlich tätig war. Alfred Schütz beispielsweise war der Sekretär einer Organisation von Bankiers, und später stieg er sogar in ein Bankunternehmen ein. Als er nach New York kam, führte er seine Tätigkeit im Bankgewerbe fort. Er besaß die bewundernswerte Energie, erfolgreich seinen Geschäften nachzugehen und dabei zugleich an Studien zu arbeiten, die schließlich mit der Veröffentlichung seiner Gesammelten Werke berühmt wurden. Emanuel Winternitz war praktizierender Jurist und arbeitete vor allem für *Bausparkassen*. Einen Großteil seines Einkommens gab er für ausgedehnte Reisen nach Italien aus, um dort seinen kunsthistorischen Interessen nachgehen zu können. Die Erfahrungen dieser Studienreisen ermöglichten ihm den Einstieg in Amerika und führten schließlich zur Anstellung im Metropolitan Museum. Das große Verdienst von Winternitz liegt im Aufbau jener berühmten permanenten Musikinstrumentenausstellung, die seit 1972 die Aufmerksamkeit aller Besucher des Metropolitan Museum auf sich zieht.

In der wirtschaftswissenschaftlichen Fakultät war der Niedergang der Wiener Universität unter den Bedingungen der Republik besonders spürbar. Eine Universität konnte nicht so viele erstklassige Ökonomen einstellen, wie sie in jenen Jahren auftauchten, so daß Hayek, Haberler, Morgenstern und Machlup sich erst in England und Amerika einen Namen machen konnten. Sie verließen Wien, bevor Hitler kam. Machlup ging damals als einer der letzten, da er ein selbständiger Unternehmer war. Engel-Janosi war nicht nur ein ausgewiesener Historiker, sondern auch Besitzer einer Fabrik für Parkettfußböden; aber ich muß dazu sagen, daß die erfolgreiche Führung seines Unternehmens zu weiten Teilen auf den Geschäftssinn seiner Frau Colette zurückzuführen war.

Eine weitere Schwierigkeit ergab sich daraus, daß mit Ausrufung der Republik der Antisemitismus zu einem allgegenwärtigen Phänomen an der Wiener Universität wurde. Als ich zu studieren anfing, war eine beträchtliche Anzahl der Ordinarien Juden. Sie vertraten die liberale politische Tradition der Monarchie. 1918 und in der Zeit danach wurden jedoch keine weiteren Juden zu Ordinarien ernannt; die jüngeren jüdischen Wissenschaftler hatten somit keinerlei Chance, jemals über den akademischen Grad des *Privatdozenten* hinauszukommen. Diese Blockade war teilweise der Grund dafür, daß so ausgezeichnete Wissenschaftler wie Felix Kaufmann und Alfred Schütz regelmäßig ihren Finanzgeschäften nachgingen. Schütz war, wie bereits erwähnt, Bankier, Felix Kaufmann Direktor einer englisch-persischen Ölgesellschaft. Viele dieser jungen Leute wurden zwangsläufig, infolge der Machtübernahme Hitlers und aufgrund der Tatsache, daß sie von ihren Posten an der Universität flogen und fliehen mußten, auf ihre geschäftliche Karriere zurückgeworfen. Die Freundschaften jener Jahre bestanden weiter. Mochten die Mitglieder des *Geistkreises* auch räumlich getrennt sein, die persönlichen Bande blieben unversehrt.

2

DIE OBERSCHULE

Um Fortgang meiner Studien an der Universität zu erläutern, muß ich einige Bemerkungen zum Hintergrund, den ich in der vorausgehenden schulischen Ausbildung erhielt, einschieben. Ich besuchte ein *Real-Gymnasium,* was bedeutete, daß ich acht Jahre Latein hatte, sechs Jahre Englisch und fakultativ zwei Jahre Italienisch. Ferner sorgten meine Eltern dafür, daß ich einige Grundkenntnisse in Französisch erwarb. Meine Schulzeit war unter anderem davon geprägt, daß während der Kriegsjahre 1914 bis 1918 eine Reihe von festangestellten Lehrern zum Militärdienst eingezogen wurde, so daß einige Fächer von Personen unterrichtet wurden, die vom Militärdienst befreit waren und nicht zum festangestellten Lehrkörper gehörten. Gerade diese Lehrer sollten den größten Einfluß auf uns Halbwüchsige ausüben. Ich habe allen voran den Englischlehrer Otto Erwin Kraus zu erwähnen, der, soweit ich weiß, als Journalist in England gearbeitet hatte, bevor er zu Beginn des Krieges nach Österreich zurückkehrte und eine Stelle als Lehrer antrat. Er war ein äußert gebildeter Intellektueller, der sich insbesondere für die psychoanalytische Theorie nach der Schule Alfred Adlers interessierte. Einer der Höhepunkte meiner Gymnasialzeit war, als wir ein ganzes Semester lang Hamlet lasen und nach Adlers Psychologie der *Geltung* interpretierten.

Zu den festangestellten Lehrern gehörte Philip Freud, ein ausgezeichneter Physiker und Mathematiker, der uns im Abschlußjahr der Oberschule (achte Klasse) so gut unterrichtete, daß einer meiner Freunde, Robert Maier, und ich sogar in die Lage kamen, uns für die Relativitätstheorie zu interessieren, die damals gerade bekannt wurde; die Erstausgabe von Albert Einsteins Theorie aus dem Jahre 1917 gehört auch heute noch zu meinen wertvollsten Besitzstücken. Wir lasen sie, ohne sie zunächst richtig zu verstehen. Aber dann entdeckten wir, daß unsere Schwierigkeiten gerade in der Einfachheit der Theorie begründet waren. Wir verstanden sie ganz genau, konnten aber nicht glauben, daß etwas so Einfaches so viel Aufruhr als eine schwierige und neue Theorie verursachen konnte. Der ganze Kanon der mathematischen Literatur stand uns selbstverständlich bei der Auseinandersetzung mit Einsteins Theorie zur Verfügung. Als wir vor den vermeintlichen Schwierigkeiten mit dem Werk standen, gingen wir zu Freud, unserem Physiklehrer. So konnten wir unsere Probleme lösen und erhielten darüber hinaus weitere hilfreiche Hinweise.

Ich erinnere mich insbesondere an eine Sitzung bei Freud, in der wir über die damals neue Atomtheorie sprachen. Er erklärte uns, daß man beim Zersägen von einem Stück Holz letztendlich nichts anderes tut, als atomare Strukturen auseinanderzureißen. Wie es möglich sein konnte, Atomstrukturen mit einer Handsäge voneinander zu trennen, war für ihn das größte Rätsel in der Struktur der physikalischen Realität. Freud hatte das Problem der Reduktion und die Autonomie der verschiedenen Schichten in der Realität des Seins erkannt.

Diese Schichtung der Realität führte zu einem Vorfall in einem anderen Zusammenhang. Einer der sehr guten Leute, die in diesen Jahren von außerhalb kamen, war der Chemiker von der Polytechnik in Wien, Strebinger. Ich wurde zu einem mündlichen Test aufgerufen, nachdem in einer vorausgegangenen Unterrichtsstunde, in der ich gefehlt hatte, die Zusammensetzung der Zitronensäure durchgenommen worden war. Ich hatte den Stoff zu Hause gelernt und wußte alles über Zitronensäure, aber ich konnte nicht die Frage beantworten, woraus man sie gewinnt. Ich glaubte, daß damit ein kompliziertes chemisches Verfahren verbunden sei. Daraufhin stauchte Strebinger mich zusammen, nannte mich einen unglaublichen Esel, da ich offensichtlich nicht wußte, daß man Zitronensäure einfach dadurch gewinnt, daß man eine Zitrone auspreßt. – Ich bekam eine schlechte Note in diesem Semester.

Ein anderer wichtiger Mann an der Polytechnischen Hochschule war der Mathematiklehrer Kopatschek. In Mathematik gingen wir, nachdem wir das im Curriculum vorgeschriebene Niveau der Differentialrechnung erreicht hatten, mit Begeisterung über zur Matrizenlehre und zu einigen Aspekten der Gruppentheorie. Dieses breite Spektrum von Wissensgebieten, das es an meiner Schule gab und von sehr guten Lehrern abgedeckt wurde, erklärt meine spätere Aufgeschlossenheit an der Universität. Bevor ich jedoch an die Universität kam, also in der Übergangsphase zwischen dem *Abitur* und dem Beginn meines Studiums im Herbst, las ich ausführlich das *Kapital* von Karl Marx, weil ich mich brennend für die russische Revolution, die sich gerade ereignete, interessierte. Unbeleckt, wie ich in diesen Dingen nun einmal war, war ich von dem, was ich las, überzeugt, und ich muß zugeben, daß ich vom August bis zum Dezember des Jahres 1919 Marxist war. Weihnachten war die ganze Begeisterung schon wieder verflogen: Ich hatte zwischenzeitlich sowohl Kurse in Wirtschaftstheorie als auch in Geschichte der Wirtschaftstheorie besucht und wußte nun, worin Marx irrte. Der Marxismus war fortan nie mehr ein Problem für mich.

3

MAX WEBER

Eine Ideologie zu verwerfen, weil sie wissenschaftlich unhaltbar ist, sollte für mich zu einer Konstante in jenen Jahren werden. Sehr wichtig für die Herausbildung meines Wissenschaftsverständnisses war die frühe Auseinandersetzung mit dem Werk Max Webers. Seine *Gesammelten Aufsätze zur Religionssoziologie* sowie das Werk *Wirtschaft und Gesellschaft* erschienen in diesen Jahren und wurden natürlich von uns Studenten verschlungen. Der nachhaltige Einfluß von Max Weber kann folgendermaßen zusammengefaßt werden: Erstens: Webers Aufsätze über den Marxismus aus den Jahren 1904/5 verfestigten meine Ablehnung des Marxismus als einer wissenschaftlich unhaltbaren Theorie; diese Ablehnung hatte sich in den Seminaren über Ökonomie und Geschichte der Wirtschaftstheorie vorbereitet. Zweitens: die späten Vorlesungen Webers über *Wissenschaft und Politik* stellten klar heraus, daß Ideologien sogenannte »Werte« sind, welche als Prämissen von Handlungen verstanden werden müssen, die als solche aber keine wissenschaftlichen Aussagen sind. Die Frage ergab sich aus Webers Unterscheidung zwischen *Gesinnungsethik* und *Verantwortungsethik.* Weber plädierte für die Verantwortungsethik, d. h. dafür, daß der Mensch die Verantwortung für die Folgen seines Handelns übernehmen muß. Wer beispielsweise eine Regierung ernennt, die die Expropriateure expropriiert, ist verantwortlich für das Elend, das er damit bei den Enteigneten verursacht. Hehre moralische Absichten können nicht als Rechtfertigung für die negativen Folgen einer sittlichen Handlung dienen. Ein vom Moralischen her akzeptabler Zweck rechtfertigt nicht eine unmoralische Vorgehensweise.

Diese grundlegende Einsicht blieb ein fester Bestandteil im Denken Webers, obwohl er nicht alle ihre Implikationen analysierte. Ideologien sind keine wissenschaftlichen Theorien und Ideale kein

Ersatz für eine Ethik. Später entdeckte ich, daß die von Weber vorgenommene Differenzierung eng mit der neokantianischen Methodologie der historischen Wissenschaften verknüpft ist, wie sie von der sogenannten Südwestdeutschen Schule, von Heinrich Rickert und Wilhelm Windelband, entwickelt worden war. Im Zusammenhang mit Max Webers Arbeiten wurde deutlich, daß Sozialwissenschaft wertfrei zu sein hatte, wenn sie eine Wissenschaft sein wollte. Dies hieß für Weber, daß ein Soziologe Kausalbeziehungen in den sozialen Prozessen zu erforschen hatte. Die *Werte,* nach denen er seine Untersuchungsgegenstände auswählte, waren Prämissen und konnten selbst keiner wissenschaftlichen Erörterung unterzogen werden. Werturteile mußten folglich aus der Wissenschaft ausgeschlossen werden. Diese Schlußfolgerung warf das Problem auf, daß die Prämissen bei der Auswahl des Forschungsgegenstandes ebenso wie die Prämissen einer verantwortungsethischen Position im Dunkeln bleiben. Diesen Problembereich vermochte Max Weber nicht weiter zu analysieren. Äußerliches Kennzeichen dieser Lücke in Webers Theorie ist die Tatsache, daß sich in seiner Religionssoziologie, so breit sie auch angelegt war, weder eine Abhandlung über das frühe Christentum noch über die klassische Philosophie findet. Das heißt, Weber klammerte die Analyse der Erfahrungen, die Maßstäbe für die existentielle Ordnung und verantwortungsvolles Handeln liefern, aus seinen Überlegungen aus. Wenn Weber trotzdem nicht in eine Form von Relativismus oder Anarchismus abglitt, so ist das auf die Tatsache zurückzuführen, daß er auch ohne die Durchführung einer solchen Analyse eine durch nichts zu erschütternde moralische Persönlichkeit und tatsächlich auch – wie die Biographie seines Neffen Eduard Baumgarten darlegt – ein Mystiker war. So wußte er, was richtig war, ohne die Gründe dafür zu kennen. Auf dem Gebiet der Wissenschaft ist das natürlich eine gefährliche Position, insofern Studenten immer wissen wollen, warum sie sich in einer bestimmten Situation auf diese oder jene Weise verhalten sollen; und wenn die Gründe – das heißt, die vernünftige Ordnung der Existenz – aus der Reflexion ausgeklammert werden, besteht die Gefahr, daß Emotionen gleich welcher Art zu Ideologien und ideologischen Abenteuern verleiten, bei denen die Ziele faszinierender sind als die Mittel, die eingesetzt werden sollen, um sie zu erreichen. Hier ist die Lücke in Max Webers Werk – und zugleich auch das große Problem, mit dem ich mich in den letzten fünfzig Jahren beschäftigt habe, seit ich auf seine Ideen gestoßen bin.

Bevor ich jedoch näher darauf eingehe, möchte ich drittens jenen weiteren wichtigen Punkt betonen, daß Weber auch durch sein vergleichendes Wissen großen Einfluß auf mich ausübte. Was meine eigene Person anbelangt, so wurde für mich mit Weber ein für allemal klar, daß man nur dann ein erfolgreicher Wissenschaftler auf dem Gebiet der Sozial- und Politikwissenschaft sein kann, wenn man weiß, wovon man spricht. Und das heißt, daß man sich ein vergleichendes kulturgeschichtliches Wissen nicht nur von den modernen Zivilisationen anzueignen hat, sondern auch von den mittelalterlichen und den alten Zivilisationen – und nicht nur von der westlichen Zivilisation, sondern auch von der Zivilisation des Nahen und des Fernen Ostens. Darüber hinaus gilt es, dieses Wissen auf dem aktuellen Stand zu halten, indem man sich mit den speziellen Einzelwissenschaften beschäftigt. Wer dies nicht tut, darf sich nicht als Empiriker bezeichnen und ist mit Sicherheit als Wissenschaftler auf diesem Gebiet inkompetent.

4

VERGLEICHENDES WISSEN

Um bei der Frage des vergleichenden Wissens zu bleiben, so war Max Weber natürlich nicht der erste, der darin als ein gutes Beispiel voranging. Schon der Begründer der Soziologie, Auguste Comte, berief sich auf ein breites Wissensspektrum, und dies sollte fortan für alle großen Sozialwissenschaftler Grundvoraussetzung ihrer Arbeit sein. Dieser Aspekt ist in jüngster Zeit aufgrund der Entwicklung einschränkender Definitionen von Soziologie in den Hintergrund gerückt. Dementsprechend werden Denker wie Comte heute zu den Geschichtsphilosophen oder zu den historischen Soziologen gerechnet. Solche Klassifizierungen vermögen jedoch die Struktur der Realität nicht aufzuheben. Eine große Bandbreite an empirischem Wissen stellt nach wie vor die Grundlage aller seriösen Wissenschaft auf den genannten Gebieten dar.

Und so stand auch in den frühen zwanziger Jahren, als ich mit dem Studium anfing, fest, daß ein vergleichendes historisches Wissen notwendige Voraussetzung des wissenschaftlichen Arbeitens ist. Dem Vorbild Max Webers trat damals bald Oswald Spengler mit seinem *Untergang des Abendlandes* zur Seite, eine Arbeit, die nicht nur unter dem Aspekt der anfechtbaren Klassifikation von Zivilisationen und der sehr zweifelhaften Analogiesetzung von Kulturen und Organismen betrachtet werden sollte, sondern wiederum zuallererst als das Werk eines Mannes, der sich historische Kenntnisse aneignete, die überhaupt erst eine vergleichende Studie von Zivilisationen ermöglichten. Hintergrund von Spenglers Arbeit war natürlich die große *Geschichte des Altertums* von Eduard Meyer. Dessen Werk sollte in den folgenden Jahrzehnten auch die Grundlage für die Arbeiten Arnold J. Toynbees sein. Schaut man einmal in das Werk Toynbees hinein, vor allem in die Studien über die antiken Zivilisationen, dann erkennt man, daß Meyer die am häufigsten von Toynbee zitierte Autorität ist.

Als ich 1922/23 für ein Semester in Berlin studierte, hatte ich das große Glück, Eduard Meyer in einer Vorlesung über griechische Geschichte hören zu können. Er war eine sehr beeindruckende Persönlichkeit: Er kam herein – ein hochgewachsener, vom Alter aber schon etwas gebeugter Mann mit einem gewaltigen Haarschopf – ging nach vorne zum Lesepult, legte seine Arme auf, schloß die Augen und sprach dann die ganze Stunde druckreif und ohne Unterbrechung. Niemals machte er einen grammatikalischen oder stilistischen Fehler oder verlor den Faden. Wenn die Glocke ertönte, beendete er den Vortrag, öffnete wieder die Augen und ging hinaus. Besonders beeindruckend war, wie Eduard Meyer historische Situationen aus der Sichtweise der beteiligten Personen beschreiben konnte. Noch heute erinnere ich mich an die meisterhafte Charakterisierung von Themistokles am Abend vor der Schlacht bei Salamis, als er die Chancen für einen Sieg bewertet. Ich bin geneigt zu glauben, daß Meyers Technik, eine historische Situation durch das Sichhineinversetzen in die beteiligten Personen zu verstehen, zu einem festen Bestandteil meines eigenen Arbeitens wurde.

Neben das große Wissensspektrum, wie es Eduard Meyer in vorbildlicher Weise verkörperte, ist die Erinnerung an einen Mann mit weniger großem Gewicht in einzelnen Detailfragen, aber mit einem vergleichbar großen Wissen und ähnlich visionärer Kraft zu setzen – Alfred Weber. Ich hatte das Glück, 1929 gerade für ein Semester in Heidelberg zu studieren, als Weber das erste Mal seine Vorlesung über Kultursoziologie hielt. Erneut wurde mir vor Augen geführt, daß ein Wissenschaftler, will er über die sozialen Strukturen in ihrem historischen Kontext sprechen, über vergleichendes Wissen verfügen muß und mit der Entstehung der babylonischen Zivilisation genauso vertraut sein muß wie mit der Entstehung der abendländischen Zivilisation in der Zeit der Merowinger und Karolinger.

5

STEFAN GEORGE UND KARL KRAUS

Ein breites Wissen zum Zwecke des Vergleichens war von mehr als nur formaler Bedeutung. Aus dem bisher Erzählten wurde es bereits deutlich: Ich erweiterte meinen Wissenshorizont erheblich durch das Studium der Werke von Max Weber und später Alfred Weber, von Eduard Meyer, Spengler und Toynbee. Diese Aneignung von Kenntnissen wurde in jenen Jahren durch den Einfluß des sogenannten *Stefan-George-Kreises* gefördert. Stefan George gilt heute in erster Linie als der große deutsche Dichter des Symbolismus, und als solcher hatte er zweifellos auch Einfluß auf mich. Über ihn stieß ich auf die symbolistische Lyrik und fing an, mit großer Verehrung französische Dichter wie Stéphane Mallarmé und später Paul Valéry zu lesen.

Die Bedeutung von George lag zu der damaligen Zeit jedoch vor allem in seinem Einfluß auf eine beträchtliche Anzahl von Anhängern, auf seine unmittelbaren Freunde und Schüler, die wiederum selbst Gelehrte wurden und so das Klima an den deutschen Universitäten mit Wirkung für die intellektuell wachere, jüngere Generation bestimmten. Von diesen Männern, deren Werke ich damals geradezu verschlang und deren jeweilige Erstausgaben noch heute in meiner Bibliothek stehen, ist Friedrich Gundolf, vor allem mit seinen Arbeiten *Goethe, die Geschichte von Caesars Ruhm* und *Shakespeare und der deutsche Geist* zu nennen, auch Max Kommerell mit *Jean Paul* und seinem Buch über die deutsche Klassik und die Literatur der Romantik: *Der Dichter als Führer;* Ernst Bertram mit *Nietzsche,* Wilhelm Stein mit *Rafael,* Ernst Kantorowicz mit seinem *Kaiser Friedrich II.* Dann ist auf die Werke der Altphilologen hinzuweisen, die Stefan Georges Zirkel angehörten, welcher die ganzen zwanziger Jahre hindurch bestand: die Arbeit des im ersten Weltkrieg gefallenen Heinrich Friedemann über Platon, die

Paul Friedländer und Kurt Hildebrandt mit ihren eigenen Arbeiten über Platon fortsetzten. Ihre Werke wiederum wurden für meine eigenen Studien grundlegend, die ich in ihrem Geist fortführte.

Einen großen und lange Zeit andauernden Einfluß auf mich hatte auch Karl Kraus, jener bedeutende Publizist, der *Die Fackel* herausgab. Die Auseinandersetzung mit ihm setzte in den frühen zwanziger Jahren ein, verstärkte sich immer mehr nach meiner Rückkehr aus Amerika und Frankreich im Jahr 1927 und dauerte bis zum Tod von Karl Kraus im Jahre 1937 an. Die unregelmäßig erscheinende *Fackel* und das literarische Werk von Kraus wurde von allen jüngeren Leuten gelesen, die ich kannte. Es diente uns als intellektuelle und moralische Orientierung in der Entwicklung eines kritischen Verständnisses von Politik und insbesondere von der Rolle der Presse im Zerfallsprozeß der deutschen und der österreichischen Gesellschaft, der dem Nationalsozialismus den Weg bereitete. Als der große Sprachkünstler, der die Sprache und ihr Niveau gegen ihren Niedergang in der zeitgenössischen Literatur und im Journalismus verteidigte, nahm Karl Kraus eine zentrale Stellung ein.

Sein Werk muß ebenso wie das von Stefan George im Kontext des ungeheuerlichen Zerfalls der deutschen Sprache gelesen werden, wie er sich in der Zeit des Kaiserreichs ab 1870 vollzog. Ein vergleichbares Phänomen gab es in England, Frankreich oder Amerika in diesem Zeitraum nicht. Der Rettung der Sprache galten wohlüberlegte Bemühungen eines Teiles der jüngeren Generation. Das Resultat meiner bewußten Schulung durch den Stil des *Stefan-George-Kreises* ist für jeden, der sich unter diesem Aspekt meine ersten Bücher anschaut, erkennbar – in *Über die Form des amerikanischen Geistes* und vor allem in *Die Rassenidee in der Geschichte von Ray bis Carus.* Rettung der Sprache bedeutete, das Hauptthema zu entdecken, das in ihr ausgedrückt werden soll. Und das wiederum bedeutete, das abzulegen, was man heute das falsche Bewußtsein des Kleinbürgertums (inbegriffen Positivisten und Marxisten) nennen würde, dessen literarische Vertreter in der Öffentlichkeit dominierten. Deshalb stellte diese Form der Auseinandersetzung mit der Sprache einen Teil des Widerstands gegen die Ideologien dar. Diese zerstören nämlich die Sprache insofern, als der ideologische Denker den Kontakt zur Realität verloren hat und nicht Symbole schafft, die die Realität zum Ausdruck bringen, sondern den Zustand der Entfremdung von ihr. Die falsche Sprache der Ideologen zu durchdringen und die Realität durch die Wiederherstellung der Sprache wiederzuerlangen war die Leistung von Karl Kraus wie von Stefan George und seinem Kreis.

Besonders eindrucksvoll unter den Werken von Karl Kraus ist das große Drama des ersten Weltkrieges *Die letzten Tage der Menschheit*. Hier ist das wunderbare Feingefühl des Autors für Melodie und Wortschatz der Heuchelei in der Politik, in der Kriegsbegeisterung, in den Verunglimpfungen der Gegner und den ochlokratischen Beschimpfungen zu spüren. Kraus' kritisches Werk, dessen ersten Höhepunkt *Die letzten Tage der Menschheit* darstellten, fand in den zwanziger Jahren seine Fortsetzung in der Kritik an der literarischen und journalistischen Sprache in Deutschland und Österreich. Je mehr die Nationalsozialisten von der Öffentlichkeit Besitz ergriffen, desto mehr gewann das Kraus'sche Werk an Bedeutung. Sein zweites großes Werk, welches ebenfalls von den Katastrophen des zwanzigsten Jahrhunderts handelt, ist *Die Dritte Walpurgisnacht*. Es setzt sich mit dem Phänomen Hitler und dem Nationalsozialismus auseinander. Eine gekürzte Fassung dieses Werkes erschien im letzten Lebensjahr des Autors in der *Fackel*. Ursache für die Kürzung des Textes war die Befürchtung, daß eine komplette Darlegung der schweinischen Katastrophe den Menschen schaden könnte, die die potentiellen Opfer des Mannes an der Spitze des Staates waren. Der ungekürzte Text der *Dritten Walpurgisnacht* erschien erst nach dem Krieg im Münchner Kösel-Verlag – als Band I der insgesamt 16teiligen Werk-Ausgabe. Ergänzend ist zu sagen, daß eine seriöse Studie über den Nationalsozialismus ohne den Bezug auf die *Dritte Walpurgisnacht* und die über viele Jahre hinweg kritische Stimme der *Fackel* nach wie vor unmöglich ist. Denn beide Werke machen den intellektuellen Morast sichtbar, der den Hintergrund von Hitlers Machtübernahme bildet.

Das Phänomen Hitler ist mit dessen Person nicht erschöpft. Hitlers Erfolg ist im Kontext einer intellektuell und moralisch verkommenen Gesellschaft zu sehen, in der Personen, die ansonsten groteske Randfiguren bilden würden, zu öffentlicher Macht gelangen, weil sie voll und ganz diejenigen Menschen repräsentieren, von denen sie bewundert werden. Dieser innere Verfall einer Gesellschaft endete nicht mit dem Sieg der Alliierten über die deutschen Truppen im Zweiten Weltkrieg, sondern dauert noch an. Der momentane Verfall des intellektuellen Lebens in Deutschland, insbesondere der Niedergang der Universitäten, stellt noch eine der Nachwirkungen des massiven Zerstörungswerkes dar, das Hitler an die Macht brachte und dann unter seinem Regime fortgesetzt wurde. Noch ist kein Ende abzusehen, was den Auflösungsprozeß der Gesellschaft anbelangt, und Überraschungen sind denkbar. Kraus' treffliche Zeit- und Gesellschaftsdiagnose und vor allem seine scharfsinnige Analyse der widerlichen Einzelheiten (all dessen, was Hannah Arendt »die Banalität des Bösen« nannte) haben noch immer große Bedeutung, denn Parallelerscheinungen lassen sich in unserer westlichen Gesellschaft finden, doch glücklicherweise noch nicht mit denselben zerstörerischen Auswirkungen, die in Deutschland zur Katastrophe führten.

6

KELSENS REINE RECHTSLEHRE UND DIE NEOKANTIANISCHE METHODOLOGIE

Ich möchte nun näher auf die konkreten Inhalte meines Studiums und meine Hinwendung zu Kelsen und seiner Reinen Rechtslehre eingehen. Ich kann nicht genau sagen, warum Hans Kelsen als Lehrer auf mich mehr Anziehungskraft ausübte als Othmar Spann. Auf dem Gebiet der Philosophie und der Geschichte deckte Spann zweifellos eine weitaus größere Spannbreite ab als Kelsen. Was mich an ihm faszinierte, war, wenn ich mich recht erinnere, die Präzision seiner Analysen, wie sie für einen großen Juristen kennzeichnend ist. Der Erfolg der Reinen Rechtslehre und ihre wegweisende Bedeutung für die Rechtsphilosophie lassen manchmal vergessen, daß Kelsen ein praktizierender Jurist war. Er entwarf die österreichische Verfassung von 1920 und wurde Mitglied des Verfassungsgerichtshofes. Der ebenfalls von ihm verfaßte Kommentar zur Verfassung ist vielleicht dasjenige Werk, in dem Kelsens juristischer Scharfsinn am deutlichsten zum Ausdruck kommt. Was ich von Kelsen lernte, ist die reflektierte und verantwortungsbewußte Textanalyse, so wie er sie stets in seinem umfangreichen Werk und in den Diskussionen in seinem Seminar durchführte. Sein gesamtes Werk war natürlich untrennbar mit der Reinen Rechtslehre, die eine logische Analyse von Rechtssystemen darstellte, verknüpft. Diese Systemanalyse, die in Kelsens Begriff der *Grundnorm* kulminierte, ist auch heute noch gültig. Sie wurde in zahlreichen Einzelaspekten fortentwickelt, zum Beispiel durch Merkls Ausführungen über den *Delegationszusammenhang* sowie durch die Erweiterung über die verfassungsmäßige Grundnorm hinaus hin zu der grundlegenden Norm des internationalen Rechts durch Verdross. Weitere Differenzierungen erfolgten durch die Studien jüngerer Wissenschaftler wie Felix Kaufmann, Fritz Schreier und Emanuel

Winternitz, aber alles in allem war Kelsens Analyse vollständig und konnte nur noch in diesem oder jenem Teil nachgebessert werden. Diese Tatsache erklärt, warum es keine entscheidende Weiterentwicklung der Reinen Rechtslehre gab. Sie stellte die großartige Leistung eines brillianten Analytikers dar und war dementsprechend so gut, daß sie kaum verbessert werden konnte. Kelsens Reine Rechtslehre bildet nach wie vor das Fundament für jede analytische Rechtstheorie. Ich selbst habe später in meinen eigenen juristischen Kursen an der Louisiana State University (LSU) auf diese grundlegende Theorie – mit einigen Abänderungen – zurückgegriffen. Es ist zu betonen, daß es zwischen Kelsen und mir niemals unterschiedliche Auffassungen bezüglich der prinzipiellen Gültigkeit seiner Reinen Rechtslehre gab.

Meine Schwierigkeiten mit Kelsens Theorie entwickelten sich erst allmählich. Daß ich kein bedingungsloser Anhänger Kelsens war, wird schon daraus ersichtlich, daß ich bei zwei Doktorvätern – bei Spann und bei Kelsen – promovierte: ein Kunststück, das mir bei den anderen jungen Leuten damals große Bewunderung einbrachte, denn alle hielten den Universalismus Spanns und den Neokantianismus Kelsens für unvereinbar. Meine Distanz zu Kelsen entstand aufgrund der ideologischen Komponenten der Reinen Rechtslehre, die der eigentlichen Logik des Rechtssystemes aufgepropft sind, deren Gültigkeit jedoch nicht schmälern. Sie können ausgeklammert werden, ohne daß sich dabei das Kernstück der Lehre verändert. Jene aufgepropfte Ideologie war die neokantianische Methodologie, welche den Gegenstandsbereich einer Wissenschaft bestimmte mittels der Methode, die bei der Erforschung angewandt wurde – in diesem Fall also durch die Logik des Rechtssystems. Da der Bereich, den Kelsen als Professor abdeckte, in der konventionellen Terminologie als *Staatslehre* bezeichnet wurde und da die Methodologie des Neokantianismus mit ihrer Methode die Logik des Rechtssystemes umschrieb, mußte nun die *Staatslehre* bezwangsläufig zur *Rechtslehre* werden, und alles, was über den Bereich der *Rechtslehre* hinausging, konnte nicht länger Teil der *Staatslehre* sein. Dies war natürlich eine untragbare Situation. Zu jener Zeit vermochte ich die ziemlich primitiven semantischen Spielchen, die mit solchen Fehlkonstruktionen verbunden waren, noch nicht ganz zu durchschauen, aber zumindest erfaßte ich sie intuitiv. Es stand für mich fest, daß es unmöglich ist, die Probleme des *Staates* und der Politik im allgemeinen zu erörtern und dabei alles außer acht zu lassen bis auf die Logik von Rechtsnormen. So läßt sich meine Distanzierung von Kelsen letztendlich auf mein Interesse für die Bereiche der Politikwissenschaft zurückführen, die von einer als *Rechtslehre* verstandenen *Staatslehre* ausgeklammert worden waren. Im Jahre 1924 veröffentlichte ich meinen ersten Aufsatz. Er war von ziemlich zweifelhafter wissenschaftlicher Qualität und trug die Überschrift: *»Reine Rechtslehre und Staatslehre«*. Hierin stellte ich der *Reinen Rechtslehre* die Gegenstandsbereiche gegenüber, mit denen sich die deutsche *Staatslehre* im frühen 19. Jahrhundert beschäftigt hatte. Bereits zu dieser Zeit sah ich die Aufgabe eines zukünftigen Politikwissenschaftlers vor allem darin, die volle Bandbreite politischer Wissenschaft nach ihrer Beschränkung auf den Kernbestand der *Normlogik* wieder herzustellen.

Hierzu sind einige Bemerkungen über die Probleme des Neokantianismus erforderlich, so wie er sich mir als Student in den zwanziger Jahren darstellte. Es gab verschiedene Schulen innerhalb des Neokantianismus: diejenige, der sich auch Kelsen angeschlossen hatte, war die sogenannte *Marburger Schule* Hermann Cohens. Cohen konzentrierte sich in der Interpretation von Immanuel Kants *Kritik der reinen Vernunft* vor allem auf die Konstituierung von Wissenschaft durch die Kategorien der Zeit, des Raumes und der Substanz – *Wissenschaft* verstanden nach dem Vorbild der Newton'schen Physik, so wie Kant sie verstand. Dieser Ansatz der Bestimmung einer Wissenschaft anhand stofflicher Kategorien diente auch Kelsen bei der Konzeption der Reinen Rechtslehre als Modell. Alles, was nicht mit den Kategorien der *Normlogik* übereinstimmte, konnte nicht länger als Wissenschaft gelten. Aber es gab auch andere neokantianische Schulen, allen voran die sogenannte Südwestdeutsche Schule, vertreten durch Windelband und Rickert. Ihr Ziel war die Bestimmung des Gegenstands der historischen Wissenschaften unter Zuhilfenahme von »Werten«. Dieser Zweig der Methodologie geht zurück bis in die siebziger Jahre des 19. Jahrhunderts. Albrecht Ritschl, ein protestantischer Theologe, unterschied damals als erster zwischen *Tatsachenwissenschaften* und *Wertwissenschaften.* Bereits an den von Ritschl gewählten Begriffen ist abzulesen, daß der Ursprung des Problems in dem früh einsetzenden Aufstieg der Naturwissenschaften zum allgemein verbindlichen Modell für Wissenschaft liegt. Theologen, Historiker und die Sozialwissenschaftler der ersten Generation mußten erst durchsetzen, daß auch den Gegenstandsbereichen, mit denen sie sich beschäftigten, Wissenschaftscharakter bescheinigt wurde.

Auf diese Weise kam es also zu den »Werten«. Nach Rickert waren Werte bestimmte kulturelle Kräfte, an deren Realität keiner ernsthaft zweifeln konnte: z. B. der Staat, die Kunst, die Religion etc. Die Dinge, die ausgewählt und diesen Werten zugeordnet waren, sollten folgerichtig Forschungsgegenstand der Kunst-, der Religions-, der Staatswissenschaften usw. sein. Diese Form der Neubegründung der Geschichts- und der Sozialwissenschaften – die sogenannte *wertbeziehende Methode* – ließ jedoch das Problem außer acht, daß Werte hochkomplexe Symbole darstellen, deren Bedeutung in Beziehung zur »Kultur« der westlich-liberalen Gesellschaft stand. Es war sehr richtig, den Staat als einen Wert aufzufassen, von dem ausgehend die Auswahl der Untersuchungsgegenstände vorgenommen wird. Aus dieser Selektion resultierten jedoch eine ganze Reihe von Schwierigkeiten, denn das Modell des *Staats* war der westliche Nationalstaat. Es würde schwierig werden, die griechische *polis* darunter zu fassen, noch schwieriger würde es sein, das ägyptische Reich unter diese Kategorie zu subsumieren. Zudem mußten Werte auch allgemein akzeptiert werden. Was sollte man aber tun, wenn jemand sie nicht akzeptierte, wie etwa Vertreter gewisser Ideologien, die eine Wissenschaft begründen wollten, indem sie bestimmtes Material nicht auf den Staat als solchen bezogen, sondern auf sein Absterben. Die apokalyptischen, metastatischen Träumereien etwa in der marxistischen Ideologie, die auf Fichtes johannitische Konzeption des Absterbens vom Staate zurückgehen, paßten nun einmal nicht in eine Politikwissenschaft, die auf den »Staat« als Wert aufbaute.

7

POLITISCHE STIMULI

Als ich auf solche Probleme aufmerksam wurde, hatte ich natürlich noch keine Ahnung von ihrer Tragweite. Deswegen ist es nun sinnvoll, auf die allgemeine Erweiterung meines Horizonts einzugehen, die es mir ermöglichte, den eigentlichen Kern dieser Probleme zu erkennen.

Die Anstöße für eine intensivere Auseinandersetzung mit der genannten Problematik kamen aus der praktischen Politik. Es liegt auf der Hand, daß, wenn man in der Zeitepoche lebt, in der sich gerade die kommunistische Revolution in Rußland ereignet hat, der Marxismus (und mit ihm auch das Werk von Marx) für einen Politikwissenschaftler einige Bedeutung gewinnt. Ich fing also an, mich für das Problem der Ideologien zu interessieren. Der zweite große Anstoß ging natürlich vom Aufstieg des Faschismus und des Nationalsozialismus aus. Ich untersuchte die Bewegungen in ihrer jeweiligen Entstehung, im Falle des Nationalsozialismus beschäftigte ich mich mit den biologistischen Theorien, die im Rassegedanken dieser Ideologie enthalten waren. Das Ergebnis dieser Studien der biologistischen Theorien sind meine zwei Bücher *Rasse und Staat* und *Die Rassenidee in der Geistesgeschichte*, die beide 1933 herauskamen. Dieses Interesse für Biologie war ebenso wie einige technische Kenntnisse auf dem Gebiet der Genetik noch aus meiner Zeit in New York 1924/25 erhalten geblieben, wo eine Reihe von meinen Freunden junge Biologen waren – beispielsweise Kurt Stern, der zum Forscherteam des Labors von Thomas Hunt Morgan an der Columbia University gehörte, das die genetische Struktur der Taufliege erforschte. Die vielen Abende, die ich in der Runde dieser jungen Leute verbrachte, meine häufigen Besuche im Labor und die Vertrautheit, die die Fragen etwa der Entwicklung von Mutationen für mich gewannen, bildeten eine unschätzbare

Basis, um den biologischen Problemgehalt zu verstehen, der in der Rassenfrage enthalten war. Natürlich stimmte das Ergebnis meiner Studien nicht gerade mit der Linie des Nationalsozialismus überein. Das als zweites von mir erwähnte Buch, *Die Rassenidee in der Geistesgeschichte,* das die Entwicklung der Idee seit ihren Anfängen im 18. Jahrhundert darlegte, wurde von dem Verleger aus dem Verkehr gezogen, der Rest der Auflage wurde zerstört. Dies ist der Grund, warum das Buch, welches ich zu meinen gelungeneren Werke zähle, so gut wie unbekannt ist, obwohl es in den gegenwärtigen, recht dilettantischen Debatten zwischen Vertretern und Gegnern der Evolutionstheorie von erheblichem Nutzen sein könnte. Die Theorie der Biologie ist eines meiner dauerhaften Interessen geblieben – genau wie die Physik seit meinen ersten Anfängen in den letzten Jahren am Gymnasium.

Noch ein anderer umfassender Gegenstandsbereich, der bis dahin meiner Aufmerksamkeit entgangen war, rückte durch ein politisches Ereignis in den Vordergrund meines Interesses. Der österreichische Widerstand gegen den Nationalsozialismus 1933 führte im Jahr darauf zur Bürgerkriegssituation und zur Errichtung des sogenannten autoritären Staates. Da das Konzept der autoritären Verfassung eng auf die in der *Quadragesimo Anno* sowie in älteren Papstenzyklika enthaltenen sozialen Fragen bezogen war, mußte ich mich mit diesen Dingen beschäftigen. Darin kam ich jedoch nicht sehr weit, da ich noch nichts von der thomistischen Philosophie wußte, die den Hintergrund der Enzyklika bildete. So entwickelte sich in den Jahren 1933 bis 1936 mein Interesse am Neothomismus. Ich las die Werke von A. D. Sertillanges, Jacques Maritain und Étienne Gilson und begeisterte mich dann um so mehr für die weniger thomistisch als augustinisch orientierten Jesuiten wie Hans Urs von Balthasar und Henri de Lubac. Diesen Studien, die sich über viele Jahre hinwegzogen, verdanke ich meine Kenntnisse auf dem Gebiet der mittelalterlichen Philosophie und ihrer Problemstellungen.

8

MEINE DISSERTATION

Das Thema meiner Dissertation hieß *Wechselwirkung und Gezweiung*. *Wechselwirkung* ist ein Schlüsselbegriff in Georg Simmels Soziologie, welche wiederum die Basis darstellte für die weitere Entwicklung zur *Beziehungslehre* in der deutschen Sozialwissenschaft. *Gezweiung* ist der Schlüsselbegriff in der Soziologie Othmar Spanns. Der Unterschied zwischen beiden Lehren war ontologischer Natur: Ist soziale Realität als Konstrukt aus den Beziehungen zwischen autonomen Individuen zu verstehen oder muß man von präexistenten geistigen Banden zwischen den Menschen ausgehen, die in deren persönlichen Beziehungen zum Ausdruck kommen? Ich befaßte mich mit dem Unterschied zwischen Simmels individualistischem und Spanns universalistischem Gesellschaftsentwurf. Meine Dissertation wurde niemals veröffentlicht, und ich befürchte, ich habe die meisten Einzelheiten vergessen.

9

DER AUFENTHALT IN OXFORD 1921/1922

Ich hatte das Glück, über Beziehungen ein Stipendium für einen Sommerkursus in Oxford zu erhalten. Das formelle Ziel dieses Stipendiums bestand darin, Englisch zu lernen. Ich erinnere mich an einen vorzüglichen jungen Engländer namens Alexander, der sein Bestes gab, meine Aussprache zu korrigieren. Das vergleichsweise niedrige Niveau, auf dem sich mein Englisch damals bewegte, mag durch eine Begebenheit deutlich werden, die sich abspielte, als ich eines Abends in Oxford spazierenging. An einer Straßenkreuzung stieß ich auf einen öffentlichen Redner, der eindringlich auf eine kümmerliche Schar von Zuhörern einredete. Ich meinte zunächst, daß er für eine Käsesorte Reklame machen wollte. Aber nach einiger Zeit stellte sich heraus, daß es Jesus war, den er anpries.

Den größten Eindruck in diesen Monaten machte eine Reihe von Vorträgen von Gilbert Murray auf mich. Ich war überwältigt: Es war meine erste Begegnung mit jener besonderen Form von englischer Gelehrsamkeit auf ihrem höchsten Niveau.

10

AMERIKANISCHE EINFLÜSSE

Meinen einjährigen Aufenthalt in New York habe ich bereits erwähnt. Dort ging ein wesentlicher Einfluß von den jüngeren Leuten um Thomas Hunt Morgan aus. Dieses eine Jahr in New York war dadurch möglich geworden, daß die Rockefeller Foundation Forschungsstipendien auch an europäische Studenten vergab. Diese Stipendien hießen »Laura Spellman Rockefeller Fellowships«. Ich war einer der ersten Stipendiaten und, soweit ich weiß, der erste aus Österreich. Das Stipendium wurde drei Jahre gewährt. Das erste Jahr studierte ich in New York an der Columbia University. Das erste Semester des zweiten Jahres ging ich nach Harvard und das folgende Semester nach Wisconsin. Das dritte Jahr verbrachte ich in Paris.

Diese zwei Jahre in Amerika brachten den großen Durchbruch in meiner intellektuellen Entwicklung. Meine Interessen waren zwar breitgefächert, aber nichts desto weniger sehr provinziell, insofern als das Aufwachsen und Leben in Zentraleuropa einem Verständnis der Welt außerhalb des europäischen Kontinents nicht gerade förderlich war. An der Columbia University besuchte ich Lehrveranstaltungen des Soziologen Frank Henry Giddings, John Deweys, Irwin Edmans, des Ökonomen John Wesley und des Verwaltungsrechtlers John Whittier Macmahon. Ich wurde überwältigt von einer neuen Welt, deren Existenz ich bis zu diesem Zeitpunkt kaum wahrgenommen hatte. Der größte Einfluß auf mich ging von der Bibliothek aus. In dem Jahr in New York begann ich, mich durch die Geschichte der englischen Philosophie und ihrer Weiterentwicklung im amerikanischen Denken durchzuarbeiten. Starken Antrieb und Unterstützung bei diesen Studien erhielt ich von Dewey und Edman. Ich entdeckte die englische und amerikanische common-sense-Philosophie. Noch unmittelbarer sollte mich Deweys damals gerade neu erschienenes Buch *Human Nature and Conduct* prägen, das auf der englischen common-sense-Tradition basiert. Von hier aus schlug ich einen Bogen zurück zu Thomas Reid und Sir William Hamilton. Diese englische bzw. schottische Auffassung vom common sense als einer menschlichen Grundeinstellung, die eine philosophische Haltung gegenüber dem Leben ohne das fachwissenschaftliche Instrumentarium des Philosophen einschließt, und umgekehrt die Auffassung von der klassischen sowie der stoischen Philosophie als einer analytischen Ausführung der common-sense-Haltung, blieb von dauerhaftem Einfluß für mein Verständnis sowohl vom common sense als auch von der klassischen Philosophie. Zu dieser Zeit bekam ich eine erste Ahnung davon, was die klassische Philosophie und ihre Fortführung auf der common-sense-Ebene für das geistige Klima und den Zusammenhalt in einer Gesellschaft bedeuten könnten.

Nun erkannte ich, daß es bezeichnenderweise genau jene Tradition des common sense war, die in der deutschen Gesellschaft fehlte. Auch in Frankreich war sie nicht so weit entwickelt wie in England und in Amerika. Rückblickend würde ich sagen, daß das Fehlen fest in der common-sense-Tradition verwurzelter Institutionen eine grundlegende Schwäche des deutschen politischen Systems darstellt, die auch heute noch nicht überwunden ist. Wenn ich die gegenwärtige politische Situation in Deutschland mit den frenetischen Debatten zwischen Positivisten, Neomarxisten und Neohegelianern betrachte, dann bietet sich mir dasselbe Bild wie in der Weimarer Republik im Jahre 1920. Nur das intellektuelle Niveau ist ungeheuer mittelmäßig geworden. Die großen Persönlichkeiten, die sich in den zwanziger Jahren an der Diskussion philosophischer Probleme beteiligt hatten – Männer wie Max Scheler, Karl Jaspers, Martin Heidegger, Alfred Weber, Karl Mannheim –, sind verschwunden und nicht durch andere Persönlichkeiten vergleichbaren Formats ersetzt worden. In diesem einen Jahr in New York begann ich zu begreifen, daß die amerikanische Gesellschaft auf einem philosophischen Fundament ruht, das an Breite und existentieller Substanz, aber nicht immer in der Ausdruckskraft alles übertraf, was ich bisher an methodologischen Ansätzen kennengelernt hatte.

In meinem Jahr an der Columbia University, als ich die Lehrveranstaltungen von Giddings und Dewey besuchte und ihre Werke las, wurden mir die sozialen Kategorien der anglo-amerikanischen Welt bewußt. John Deweys Kategorie der *likemindedness* (Gleichgesinntheit) war, so entdeckte ich, der Begriff, mit dem in der King-James-Bibel der neutestamentarische Terminus *homonoia* übersetzt worden war. Das war das erste Mal, daß ich auf das Problem der *homonoia* aufmerksam wurde. Zu dieser Zeit wußte ich äußert wenig davon, weil mein Wissen über die klassische Philosophie noch immer sehr unzureichend und Kenntnisse zu den Grundfragen des Christentums praktisch gar nicht vorhanden waren. Erst später, als ich Griechisch lernte und die Texte im Original lesen konnte, ging mir die elementare Bedeutung solcher Kategorien für die Bestimmung der eigentlichen Substanz der Gesellschaft auf. Giddings' Begriff in diesem Zusammenhang war *consciousness of kind.* Ich erinnere mich, daß ich, ohne viel über den Hintergrund dieser Probleme zu wissen, erkannte, daß Giddings zwar auf dasselbe Problem abzielte wie Dewey, dabei aber eine Terminologie verwendete, aus der die Beziehung des Problems zur klassischen bzw. zur christlichen Tradition nicht ersichtlich wurde. Er war bemüht, den Begriff der *homonoia* im Sinne von Gemeinschaft des Geistes in so etwas Harmloses wie Gemeinschaft der Art im biologischen Sinne umzuwandeln.

Die Erfahrungen des Jahres an der Columbia University fanden ihre Ergänzung im Jahr darauf: Den nachhaltigsten Eindruck in Harvard machte der dort gerade erst angetretene Alfred North Whitehead auf mich. Natürlich konnte ich nur einen Bruchteil von dem verstehen, was Whitehead in seinen Vorlesungen vortrug, und so hatte ich mich in den kulturellen und historischen Hintergrund seines Buches einzuarbeiten, das damals gerade erschien: *The Adventures of Ideas.* Dieses Buch machte mir bewußt, daß es einen solchen Hintergrund gab, in den ich mich einzuarbeiten hatte, wenn ich die angelsächsische Kultur verstehen wollte.

Gelegenheit, meine Kenntnisse zu erweitern, bot sich im Jahre 1925/26, als ich nach Wisconsin ging. Auf das Werk von John R. Commons war ich bereits an der Columbia University gestoßen, denn in jenem Jahr erschien sein *Human Nature and Property.* Thomas Reed Powell, der zu dieser Zeit noch an der Columbia University lehrte (er wechselte im folgenden Jahr nach Harvard), hatte Commons' Werk vorgestellt und erläutert. In Wisconsin lernte ich das kennen, was mir aus meiner damaligen, noch immer beschränkten Perspektive als das wahre, authentische Amerika erschien. Verkörpert wurde es von John R. Commons, der für mich geradezu etwas Lincoln'sches hatte. Er war mit den ökonomischen und politischen Problemen auf staatlicher wie nationaler Ebene wohl vertraut und vor allem auf die Arbeiterfrage konzentriert. In diesem Umfeld in Wisconsin, zu dem auch der Arbeitshistoriker Selig Perlman und die jungen Leute, die mit mir bei Commons und Perlman studierten, gehörten, erwarb ich meine ersten detaillierten Kenntnisse über die Bedeutung des amerikanischen Supreme Court und seiner Urteile als Quelle der politischen Kultur in Amerika. Diese Erfahrungen aus der Zeit in Wisconsin sollten mich in meiner späteren Laufbahn noch nachhaltig beeinflussen. Als ich 1938 nach Amerika emigrierte, wollte ich Kurse über das amerikanische Regierungssystem als das Herzstück der amerikanischen politischen Kultur geben. Da ich aber als gerade erst eingereister Ausländer an den Universitäten im Osten für den Unterricht in amerikanischer Regierungslehre nicht zugelassen worden wäre, ging ich in den Süden, wo die diesbezüglichen Bestimmungen etwas lockerer waren.

Der Bericht über meine Erfahrungen in Amerika wäre unvollständig, würde ich nicht noch den großen Einfluß von George Santayana erwähnen. Persönlich bin ich ihm niemals begegnet, aber ich lernte sein Werk in New York kennen, zum Teil durch Irwin Edmann, der mich darauf aufmerksam machte. Ich studierte Santayanas Werke mit Sorgfalt, und noch immer stehen in meiner Bibliothek die Bücher, die ich damals in New York kaufte. Santayana war für mich hinsichtlich der Philosophie eine Offenbarung, ähnlich wie die common-sense-Philosophie, die ich in jenem Jahr kennengelernt hatte. Er war ein Mann mit einem unermeßlich großen philosophischen Wissenshorizont, offen für die Fragen des Geistes, ohne Ehrfurcht vor irgendeinem Dogma und ohne auch nur das geringste Interesse für die neokantianische Methodologie. Schritt für Schritt entdeckte ich die lukretianische Wurzel in seinem Gedankengut und dies war von entscheidender Bedeutung für mein späteres Verständnis des französischen Dichters Paul Valéry und dessen lukretianischer Motivation. Santayana und Valéry sind für mich die beiden großen Repräsentanten eines nahezu mystischen

Skeptizismus, der in keiner Weise als eine Form des Materialismus zu begreifen ist. Die emotionale Wirkung dieser Entdeckung war so intensiv und nachhaltig, daß ich in den sechziger Jahren, als ich Gelegenheit hatte, nach Südfrankreich zu fahren, den Cimetière Marin in Cette besuchte, wo Valéry begraben ist – mit Blick auf das Mittelmeer.

Die Frucht dieser zwei Jahre war das Buch *Über die Form des amerikanischen Geistes.* Die einzelnen Kapitel entsprechen den verschiedenen Gebieten in Literatur und Geschichte, die ich durchgearbeitet hatte. Das Kapitel »Zeit und Existenz« enthält meine Studien zur englischen Bewußtseinsphilosophie im Vergleich mit der deutschen Theorie des Bewußtseins, in der Form, wie sie Edmund Husserl vertrat. Das Kapitel über George Santayana beschreibt zusammenfassend Werk und Philosophie des Denkers, so wie ich sie damals verstand. Ein anderes Kapitel über den »puritanischen Mystizismus« ist das Ergebnis meiner Beschäftigung mit Jonathan Edwards – selbst im Rückblick kann ich noch sagen: ein guter Essay. Der folgende etwa fünfzig Seiten lange Abschnitt über die »angloamerikanische analytische Rechtstheorie« gibt meine Studien über das angelsächsische Gegenstück zu Kelsens Normlogik in der kontinentaleuropäischen Rechtstheorie wieder. Im letzten Kapitel schließlich ist mein Verständnis von Werk und Persönlichkeit John R. Commons' und damit auch meine Verehrung für ihn dargelegt.

Die schriftlichen Arbeiten, in denen ich die Ergebnisse meines zweijährigen Studienaufenthalts in Amerika festhielt, geben natürlich keinen völligen Aufschluß darüber, was diese Jahre für mein Leben bedeuteten. Das Besondere war die Tatsache, in eine Welt hineingeworfen zu sein, in der die großen neokantianischen Debatten, die für mich vom intellektuell-geistigen Standpunkt aus die zentralen Ereignisse darstellten, bedeutungslos waren. Rahmenbedingungen waren hier die großen politischen Gründungsakte von 1776 und 1789 sowie deren Umsetzung in einer politischen und rechtlichen Kultur, die vor allem durch die Zunft der Rechtsanwälte und durch den Supreme Court verkörpert wurde. Ebenso war der starke Hintergrund der christlichen und klassischen Kultur noch spürbar, der sich in den methodologischen Debatten meiner Studienzeit mehr und mehr aufgelöst hatte, wenn nicht gar fehlte. Kurz, hier fand ich eine Welt vor, in der die andere Welt, in der ich aufgewachsen war, in intellektueller, moralischer und geistiger Hinsicht unbedeutend war. Daß es verschiedene Welten nebeneinander geben sollte, hatte eine tiefgreifende Wirkung auf mich. Durch diese Erfahrung wuchs ich (zumindest hoffe ich es) über meinen zentraleuropäischen oder gesamteuropäischen Provinzialismus hinaus, ohne dabei in einen amerikanischen Provinzialismus zu verfallen. In jenen Jahren entwickelte ich ein Verständnis für die Vielfalt menschlichen Daseins, das sich in verschiedenen Kulturen ausdrückt. Dieses Verständnis gewann ich durch eine direkte Erfahrung, eine expérience vécue, die bis zu diesem Zeitpunkt für mich nur durch die vergleichenden Studien eines Max Weber, Oswald Spengler oder später Arnold J. Toynbee zu erlangen war. Die unmittelbare Folge dieser Erfahrung war, daß nach meiner Rückkehr nach Europa bestimmte Dinge, die in den intellektuellen und ideologischen Kreisen Zentraleuropas von größter Bedeutung waren, wie zum Beispiel das Werk von Martin Heidegger, dessen berühmte Arbeit *Sein und Zeit* ich 1928 las, nun keinerlei Wirkung mehr auf mich hatten. Damit war es einfach vorbei – mich hatte der Aufenthalt in Amerika, insbesondere die Zeit in Wisconsin, gegen diese Form des Philosophierens immun gemacht. Die Schwerpunkte und wichtigen Verbindungslinien zwischen den verschiedenen Theorien hatten sich für mich grundlegend gewandelt – und wenn ich richtig sehe, zum Besseren hin.

11

ÜBER DAS JAHR IN FRANKREICH

Nach meinem zweijährigen Aufenthalt in Amerika war die Rockefeller Stiftung so großzügig, mein »Laura Spellman Rockefeller Memorial«-Stipendium um ein Jahr zu verlängern, damit ich meine Studien für ein Jahr in Frankreich fortsetzen konnte. Ich nahm diese Gelegenheit wahr, meinen Horizont durch einen Aufenthalt in Frankreich zu erweitern und vor Ort herauszubekommen, welche Aspekte der französischen Kultur für einen Politikwissenschaftler wichtig waren. Ein riesiges Untersuchungsfeld lag vor mir. Ich besuchte Seminare an der Rechtsschule, vor allem von einem französischen Ökonomen namens Aftalion, und ich ging zu den Vorlesungen des berühmten Pascal-Herausgebers Léon Brunschvicg. Anfangs war ich in meinen Studien etwas eingeschränkt, insofern als ich Französisch zwar ganz gut lesen konnte, aber nicht über ein gehobeneres Vokabular verfügte. Ich erinnere mich noch, daß ich Gustave Flauberts *Trois Comtes* las, was wirklich eine Qual war, weil Flauberts Wortschatz ungeheuer groß ist. Ich mußte praktisch bei jedem Satz das Wörterbuch konsultieren. Aber allein durch die Lektüre von Autoren mit einem großen Wortschatz kann man eine Sprache lernen.

Zu dieser Zeit bot Paris eine unwiderstehliche Attraktion: die Flut von russischen Emigranten. Ich lernte zufällig eine ganze Reihe von ihnen kennen und erkannte dabei, daß ich Russisch lernen mußte, wenn ich wirklich Zugang zu Rußland und den politischen Ereignissen in diesem Land haben wollte. So fing ich an, mit Konstantin V. Mochulski und G. Lozinski als Lehrern, Russisch zu lernen. Mit diesen zwei ausgezeichneten Philologen arbeitete ich praktisch das ganze Jahr über zusammen, und ich kam immerhin so weit, daß ich Fjodor Dostojewskij lesen konnte. Leider habe ich das meiste von dem, was ich gelernt habe, wieder vergessen, weil sich im Rahmen meiner späteren Arbeiten wenig Gelegenheit bot, russische Quellen zu studieren.

Hauptgegenstand meiner Studien bildeten natürlich die französische Literatur und Philosophie. Gute Hilfe bei der Einarbeitung in die Problemstellungen auf diesen Gebieten leisteten die Arbeiten von Albert Thibaudet über Mallarmé und Valéry sowie von René Lalou über die Geschichte der französischen Literatur im allgemeinen und die Geschichte des Romans im besonderen. In diesem Jahr in Paris erwarb ich auch einen nahezu kompletten Satz der großen französischen Prosa von *La Princesse de Clèves* von Madame de la Fayette bis hin zu dem Werk Marcel Prousts, dessen letzte Bände von *A la Recherche du temps perdu* gerade zu jener Zeit herauskamen. Marcel Proust stellte ebenso wie Flaubert eine unschätzbare Quelle bei der Erweiterung meines französischen Wortschatzes dar. René Lalous *De Descartes à Proust* war von grundlegender Bedeutung für das Verständnis des inneren Zusammenhangs der französischen Geistesgeschichte. Bei Lalou stieß ich auf auf die parallel zur englischen und amerikanischen Philosophie verlaufende französische Geschichte des Bewußtseins vom 18. Jahrhundert bis heute.

Beide, Thibaudet und Lalou, lenkten meine Aufmerksamkeit insbesondere auf Mallarmé und Valéry. Zu dieser Zeit konnte ich bereits fast das gesamte Werk von Paul Valéry sammeln, einige Bücher erwarb ich sogar in der Erstausgabe, die nun recht wertvoll sind. Ich hatte die Möglichkeit, Valéry persönlich zu begegnen, als er eine Tischrede auf irgendeiner Tagung im Zusammenhang mit dem Völkerbund hielt. Was mich an ihm, abgesehen davon, daß er ein großer Künstler war, zu jener Zeit am meisten interessierte, war seine lukretianische Philosophie, die ich als eine Parallelerscheinung zu Santayanas Lukrezianismus auffaßte. – Ein Gedicht hatte es mir ganz besonders angetan – »Cimetière Marin«.

Das Jahr in Paris nützte ich natürlich auch, um – soweit es meine Mittel zuließen – die Umgebung kennenzulernen. Ich erinnere mich noch an den ersten überwältigenden Besuch von Chartres und an einen sommerlichen Ausflug zu den Klosterruinen in der Normandie.

Zu meinem Aufenthalt gehörten natürlich auch Studien in der französischen Rechtstheorie, vor allem zu Léon Duguit. Damals stieß ich zum ersten Mal auf das französische Problem der *solidarité.*

Merkwürdigerweise fühlte ich mich noch nicht zu dem Werk Henri Bergsons hingezogen, obwohl ich bereits sein *Matière et mémoire* und seinen *Essai sur les données immédiates de la conscience* kannte. Mein wirkliches Interesse an Bergson entstand erst bei der Veröffentlichung von *Les deux sources de la morale et la religion* im Jahre 1932. Ein besonderes Interesse entwickelte ich auch für die französische *mémoire*-Literatur. Ich weiß noch, mit welcher Begeisterung ich die Memoiren von Cardinal de Retz las. Sie führten mich in die Politik des 17. Jahrhunderts ein. Vielleicht liegt es am Umfang, daß mich die Erinnerungen von Saint-Simon weniger interessierten. Die Memoiren von Retz waren für mich deswegen so entscheidend, weil sie eine jener großen Verschwörungen beschrieben, die für das 17. Jahrhundert so charakteristisch waren. Ich untersuchte die ähnlichen, parallel verlaufenden Verschwörungen von Wallenstein, des Fiesco zu Genua und der Spaniarden in Venedig. Unter anderem las ich auch die *mémoires* des Duc de La Rochefoucauld, welche mir den Übergang zu der Philosophie der *moralistes* ermöglichten. Außer La Rochefoucauld las ich die Marquise de Vauvenargues und entdeckte dabei die Verbindungslinie zwischen den französischen *moralistes* und Nietzsche.

1934 war ich wieder für einige Wochen in Paris. Zu dieser Zeit interessierte ich mich für das 16. Jahrhundert in Frankreich, insbesondere für das Werk Jean Bodins. Ich sammelte Material für eine umfangreiche Studie zu Bodins Werk und schrieb diese später als Kapitel für die *History of Political Ideas,* die allerdings nie veröffentlicht wurde. Damals also arbeitete ich mich durch den Katalog der Bibliothèque Nationale zu französischen Publikationen zur Geschichte und Politik des 16. Jahrhunderts hindurch. Wenn ich mich recht erinnere, so hatte ich jeden einzelnen Eintrag des Katalogs wenigstens einmal in der Hand. Bei dieser Gelegenheit wurde ich mir der ungeheuren Wirkung bewußt, die die Invasionen der Mongolen und die Ereignisse des 15. Jahrhunderts, insbesondere der zeitweilige Sieg Tamerlans über Bayezid, als ein Modell für politische Abläufe im 16. Jahrhundert hatten. Praktisch jeder bedeutende Autor setzte sich mit diesen Ereignissen auseinander, die völlig außerhalb der vertrauten politischen Erfahrungswelt des Westens lagen und einen unerklärlichen Machtanstieg zur Folge hatten, der als ein weltgeschichtlicher Faktor die westliche Zivilisation in ihrem Kern berühren sollte. Diese Erfahrung der türkisch-osmanischen Bedrohung und ihrer zeitweisen Unterbrechung durch den Sieg Tamerlans wurde von den Humanisten verfolgt und ging in das Konzept von Macchiavellis *Fürst* ein, wo ein Mann beschrieben wird, der mittels seiner persönlichen Tugend zu Macht gelangt. Einen Teil des umfangreichen Materials, das ich damals gesammelt hatte, veröffentlichte ich in dem Artikel »Das Timurbild der Humanisten« von 1937, der später noch einmal in *Anamnesis* von 1966 abgedruckt wurde. Die Auswirkungen dieser Ereignisse auf Macchiavelli, insbesondere im Hinblick auf seine fiktive Biographie über Castruccio Castracani, schilderte ich in einem Artikel über den Hintergrund Macchiavellis in der *Review of Politics* im Jahre 1951. Aber erhebliche Stapel an Material, vor allem das über den Zusammenhang der politischen Ereignisse mit dem Werk Jean Bodins, sind nie veröffentlicht worden.

Noch im selben Jahr, 1934, verbrachte ich einige Wochen in London. Hier ging ich die Bestände des Warburg-Instituts durch, das bereits von Hamburg in die britische Hauptstadt umgezogen war. Dies war mein erster Kontakt mit der Alchimie, der Astrologie und der komplizierten gnostischen Symbolik der Renaissance. Das bei dieser Gelegenheit gesammelte Material verwendete ich für ein Kapitel über »Astrologische Politik« in meiner *History of Political Ideas,* welche jedoch, wie ich bereits sagte, nicht veröffentlicht wurde. Diese erste Berührung legte den Grund für mein weitergehendes Interesse für die Astrologie und die Alchimie, das erst viel später entstand und mir half, bestimmte Kontinuitäten in der abendländischen Geistesgeschichte vom Mittelalter über die Renaissance bis hin zur Gegenwart besser zu verstehen.

12

DIE RÜCKKEHR NACH WIEN

Als das Rockefeller-Stipendium nach drei Jahren abgelaufen war, begann ich mich darauf zu konzentrieren, Abhandlungen zu schreiben, die zu meiner Habilitation und letztendlich zu einer Professur führen würden. Zunächst beendete ich das Buch, das 1928 unter dem Titel *Über die Form des amerikanischen Geistes* erschien. Anschließend suchte ich nach neuer Beschäftigung. Ich begann mit dem Entwurf für eine *Staatslehre* und schrieb auch zwei Kapitel, in denen es um Rechts- und um Machttheorie ging. Ein weiterer Abschnitt über politische Ideen war vorgesehen, aber als ich bei diesem dritten Teil angelangt war, stellte ich fest, daß ich eigentlich gar nichts über politische Ideen wußte und deswegen dieses Projekt aufgeben mußte. Also konzentrierte ich mich darauf, mir Wissen zu bestimmten, in der Geschichte auftretenden Ideen anzueignen, um die mit den sogenannten Ideen verknüpfte generelle Problematik anhand des konkreten Quellenmaterials analysieren zu können.

Das Ergebnis dieser Arbeit waren meine Studien zur Rassenfrage. Der politische Aufstieg der Nationalsozialisten war unübersehbar; und obwohl sich noch nicht abzeichnete, daß sie auch an die Macht kämen, war die Debatte über Rassen, die Judenfrage etc. bereits in vollem Gange. Eine Auseinandersetzung mit diesem Thema drängte sich geradezu auf und so entstanden meine zwei Werke über die Rassenfrage, in die ich auch die gerade erst erworbenen, nun aber vertieften Kenntnisse in biologischer Theorie einfließen ließ. Bei dieser Gelegenheit stellte ich fest, daß eine politische Theorie, vor allem, wenn sie zur Analyse von Ideologien anwendbar sein sollte, auf der klassischen und der christlichen Philosophie basieren mußte. Wie aus dem ersten Kapitel über *Rasse und Staat* ersichtlich wird, übernahm ich damals die philosophische Anthropologie Max Schelers, so wie sie in seiner gerade erst erschienenen Publikation *Die Stellung des Menschen im Kosmos* dargelegt war. Für die Analyse des Rasseproblems erwies sie sich als ausreichend; ihre Schwächen hatten in dem genannten Zusammenhang keine Bedeutung, ich entdeckte sie erst später, als ich selbst anfing, auf dem Gebiet der klassischen Philosophie zu arbeiten.

Während der Auseinandersetzung mit dem Rasseproblem gewann ich die Überzeugung, daß ich in der Lage sein müßte, die klassischen Autoren, d. h. Platon und Aristoteles, zu lesen, wenn ich ein fähiger Politikwissenschaftler werden wollte. Ich fing an, Griechisch zu lernen. Dabei half mir ein Mann meines Alters, Hermann Bodek, ein jüngeres Mitglied des *Stefan-George-Kreises* und zugleich ein ausgezeichneter klassischer Philologe. Bodek führte mich in die Geheimnisse der griechischen Grammatik und in die Lektüre schwieriger philosophischer Texte ein. Ich erinnere mich, daß ich im Laufe des sechsmonatigen Unterrichts bei ihm meine ersten Übersetzungen des Gedichtes von Parmenides machte. Die Aneignung dieses Wissens war natürlich für meine spätere Arbeit grundlegend: nicht nur im Hinblick auf meine Kenntnisse in der griechischen Philosophie, sondern auch, was die fundamentale Einsicht anbelangt, daß man nur dann Quellen adäquat erfasst und versteht, wenn man sie auch lesen kann. Das klingt trivial, aber wie ich später feststellte, ist es eine Wahrheit, die nicht nur außer acht gelassen, sondern aufs heftigste bestritten wird von einer beträchtlichen Anzahl von Leuten, die an unseren Schulen lehren und mit größter Selbstverständlichkeit von Platon, Aristoteles, Thomas von Aquin, Augustinus, Dante, Cervantes, Rabelais oder Goethe sprechen, ohne auch nur eine Zeile von dem Autor lesen zu können, dem sie huldigen.

Seit 1933 war das politische Klima in Österreich aufgrund der aktuellen Ereignisse emotional sehr aufgeladen. 1929 war ich Privatdozent geworden, 1936 erhielt ich den Titel des Assistenzprofessors, doch mit keiner der beiden Würden war eine finanzielle Vergütung verknüpft. Während dieser Jahre arbeitete ich auch als wissenschaftlicher Assistent für Verfassungs- und Verwaltungsrecht an der juristischen Fakultät, erst bei Kelsen, später dann bei Merkl. Dies brachte mir ein äußerst bescheidenes Einkommen ein. Ich erinnere mich noch: es begann mit 100 Schilling im Monat. Als ich

1938 emigrierte, waren es 250 Schilling, etwa 50 Dollar. Auch wenn man die Summe in Anbetracht der Abwertung des Dollars vervierfacht, waren es nicht mehr als 250 Dollar im Monat, für die ich auch noch Steuern zu zahlen hatte. Alles, was man sonst noch zum Leben braucht, mußte ich durch Publizieren, durch Unterrichten u. a. finanzieren. Man könnte sagen, ich bin immer ein selbstständiger Unternehmer gewesen.

Der Bürgerkrieg im Jahre 1934 führte zu einer Verschärfung der Situation in Wien. Dabei wurde das furchtbare Ausmaß der Zersetzung der zentraleuropäischen Gesellschaften durch die Ideologen offenkundig. Da gab es eine österreichische Regierung, die sich entschlossen gegen den Vormarsch der Nationalsozialisten zur Wehr setzte. Die Effektivität ihres Widerstands wurde jedoch durch die Opposition gefährdet. Die sozialdemokratische Partei war getreu der marxistischen Ideologie nicht zu dem Zugeständnis bereit, daß sich ein kleines Land wie die österreichische Republik den politischen Erfordernissen der Zeit anpassen müsse. Die Hinwendung Österreichs zu Mussolini als Schutz vor dem noch schlimmeren Übel »Hitler« lag offensichtlich jenseits des Fassungsvermögens von glühenden Marxisten, die überdies nichts anderes taten, als »Faschismus« zu brüllen.

Tatsache ist, daß ich als Student in den zwanziger Jahren zwar nicht Parteimitglied, wohl aber Sozialdemokrat der Gesinnung nach war – wie die meisten Freunde von mir. Bei der Wahl im Jahre 1929 stimmte ich für die Sozialdemokraten. Als sich die inneren Spannungen so vertieften, daß ein österreichischer Nationalismus aufkam, der sich sowohl gegen den Nationalsozialismus, als auch den Kommunismus abgrenzte, wurde der Graben in der Bevölkerung noch größer. Ich selbst verfolgte die innenpolitische Entwicklung Österreichs nicht, denn in den kritischen Jahren von 1924 bis 1927 hielt ich mich nicht in Österreich auf. Ich erinnere mich noch genau: Als sich der große Zusammenstoß nach dem Brand des Justizpalastes im Jahre 1927 ereignete, brach ich in Paris mit einigen amerikanischen Freunden gerade zu einem Ausflug in die Normandie auf. Erst als ich im Herbst 1927 nach Österreich zurückkehrte, begann ich, mich wieder für österreichische Politik zu interessieren.

Aus zwei Gründen tendierte ich eher zur Seite der christlichsozialen Regierung. Erstens vertraten die christlich-sozialen Politiker die Traditionslinien der europäischen Kultur, während die Marxisten zumindest nach außen hin dies nicht taten. Zumindest nach außen hin, weil selbst die enthusiastischen Marxisten noch in der österreichischen Tradition verwurzelt waren, die ausgesprochen demokratisch und verhaltensprägend war. Aber die marxistische Ideologie verursachte unweigerlich Probleme, insofern das Parteiprogramm eine Passage enthielt, in der ausdrücklich gesagt wurde, daß die sozialdemokratische Partei in der demokratischen Ordnung verschwinden würde, wenn sie nicht die Stimmenmehrheit erlangen würde. Sobald sie die Mehrheit auf ihrer Seite hätte, würde die sozialistische Revolution beginnen: Die Rückkehr zum ruchlosen kapitalistischen System wäre nicht erlaubt, vielmehr würde sie mit Gewalt unterbunden werden. Was mich damals am meisten wunderte, war die Dummheit der Ideologen, konkret: der Führer der sozialdemokratischen Partei. Wenn ich auch mit ihnen in Fragen der Wirtschafts- und Sozialpolitik übereinstimmte, so war das Festhalten an einem apokalyptischen Traum angesichts der drohenden Hitler'schen Katastrophe einfach töricht und nicht zu akzeptieren. Meine Haltung gegenüber den Sozialdemokraten zu dieser Zeit war der von Karl Kraus gleich. Ideologen, die die Katastrophe überlebten, haben Kraus nie verziehen, daß er zu intelligent war, um mit ihnen und ihren Torheiten zu sympathisieren. Natürlich haben sie auch mir nicht verziehen.

Ergebnis dieser Jahre der Spannung ab 1933 war meine Studie »Der autoritäre Staat«, die 1936 veröffentlicht wurde. Sie war mein erster größerer Versuch, die Rolle der Ideologien linker wie rechter Couleur in der gegenwärtigen Situation zu erfassen und nachzuweisen, daß ein autoritärer Staat, der radikale Ideologien in Schach zu halten vermag, noch die beste Möglichkeit zur Verteidigung der Demokratie darstellt. Meine damalige theoretische Position in dieser Frage unterschied sich nicht sehr von der Haltung, die später Robert K. Jackson, Richter des Supreme Court und ehemals Mitglied des Tribunals der Nürnberger Prozesse, im Fall Terminiello im Jahre 1949 einnahm und in der folgenden Formulierung zum Ausdruck brachte: »Demokratie ist kein Verein von Selbstmördern!«

13

ANSCHLUSS ÖSTERREICHS UND EMIGRATION

Die Höhepunkte im Zerstörungsprozeß Österreichs lösten einen tiefen emotionalen Schock bei mir aus. Ich hätte Wien längst vor 1938 verlassen, wäre ich nicht davon ausgegangen, daß Österreich in seiner Abwehrhaltung gegenüber dem Nationalsozialismus standfest sei. Gestützt auf mein fundiertes historisches und politisches Wissen, hielt ich es für ausgeschlossen, daß die westlichen Demokratien die Annexion Österreichs durch Hitler zulassen würden, denn dies wäre eindeutig das erste in einer Kette von Ereignissen, die in einen Weltkrieg münden würden. Mit der Besetzung Österreichs durch Deutschland entstünde eine strategische Situation, in der der Überfall auf die Tschechoslowakei möglich würde; und die Eroberung der Tschechoslowakei würde die Deutschen in die Lage versetzen, einen Krieg gegen die westlichen Mächte mit großer Wahrscheinlichkeit zu gewinnen. Es war eine große Überraschung für mich, daß die westlichen Mächte nichts unternahmen. Von einem Freund, der zu dieser Zeit in Rom lebte und Kontakte zum italienischen Außenministerium hatte, erfuhr ich, daß Mussolini in der Nacht des Überfalls wie wahnsinnig mit der englischen Regierung telephonierte und sie um gemeinsame Gegenaktionen bat, was dort jedoch abgelehnt wurde. Ich erinnere mich, daß diese Ereignisse mich in einen Zustand unbändigen Zorns versetzten. Unmittelbar nach der Annexion Österreichs überlegte ich sogar, ob ich nicht der NSDAP beitreten sollte, denn diese elendigen Schweine, die sich selbst als Demokraten bezeichneten – ich meine die westlichen Demokratien –, hatten es zweifellos verdient, erobert und zerschlagen zu werden, wenn sie so furchtbar dumm sein konnten. Aber meine persönliche Entwicklung bis dahin ließ solch einen extremen Schritt nicht zu. Nach einigen Stunden unbändiger Wut stellte sich meine Vernunft allmählich wieder ein, und ich bereitete meine Emigration vor. Das war notwendig, denn ich hatte niemals ein Geheimnis aus meiner nazifeindlichen Gesinnung gemacht, und außerdem wurde ich natürlich von der Universität gefeuert.

Mit den Vorbereitungen für die Emigration war eine Reihe von dafür wohl üblichen absurden Maßnahmen und Erlebnissen verknüpft. Zuallererst galt es, an etwas Geld außer Landes zu kommen. Ich hatte einen Schweizer Freund, der als Journalist für Schweizer Zeitungen in Wien arbeitete. Mit ihm vereinbarte ich, daß ich sein Einkommem in Österreich zahlte und er den entsprechenden Gegenwert in Schweizer Franken bei seinem Rechtsanwalt in Zürich hinterlegte. So kam eine gewisse Summe zusammen, die die Lebensgrundlage für einige Monate in Zürich bildete, bis ich mein Einreisevisum vom amerikanischen Konsulat erhielt.

Die Emigration wäre beinahe mißglückt. Obwohl ich in politischer Hinsicht eine völlig unbedeutende Person war und zuerst die wichtigen Figuren festgenommen wurden, erwischte es mich schließlich doch. Gerade als wir nahezu fertig waren mit unseren Vorbereitungen und mein Paß aber noch auf dem Polizeiamt lag, damit ich ein Ausreisevisum bekam, erschien die Gestapo zu Hause, um meinen Paß zu konfiszieren. Glücklicherweise war ich nicht da und meine Frau (Lissy Onken Voegelin) war froh, ihnen sagen zu können, daß der Paß bei der Polizei läge, um ein Ausreisevisum zu erhalten. Damit gab sich die Gestapo zufrieden. Durch die Hilfe von Freunden gelang es uns, den Paß einschließlich Ausreisevisum noch vor der Gestapo von der Polizei ausgehändigt zu bekommen – das Ganze an einem Tag. Noch am Abend desselben Tages nahm ich, mit zwei Taschen bepackt, einen Zug nach Zürich. Den ganzen Weg über zitterte ich, daß die Gestapo mich doch noch ausfindig machen und an der Grenze festnehmen würde. Aber offensichtlich war sogar die Gestapo nicht so flink wie meine Frau und ich: Unbeschadet kam ich in Zürich an. Meine Frau blieb bei ihren Eltern und vor der Türe lauerte ein Gestapospitzel und wartete darauf, daß ich wieder auftauchen würde. Als er verschwand, wußte meine Frau, daß meine Flucht geglückt war, und nur zwanzig Minuten später erreichte sie mein Telegramm, aus dem sie erfuhr, daß ich in Zürich angekommen war.

Aber das war erst der Anfang einer Reihe merkwürdiger Ereignisse. In Zürich mußte ich auf ein unbefristetes Einreisevisum warten, das Wissenschaftler erhielten, die eine Stelle in den Vereinigten Staaten angeboten bekommen hatten. Meine Freunde in Harvard, Haberler und Schumpeter, und Arthur Holcombe in seiner entscheidenden Funktion als Leiter der politikwissenschaftlichen Fakultät hatten mir eine Teilzeitstelle als Dozent verschafft. Aber ich hatte noch immer nicht die offizielle Bestätigung erhalten. Darauf mußte ich warten, um das Visum zu bekommen. In dieser Zeit hatte ich mit dem amerikanischen Vizekonsul von Zürich zu tun – ein sehr netter Bursche von Harvard, der jedoch einen tiefen Verdacht gegen mich hegte. Er war der Meinung, daß ich, wo ich doch weder Kommunist noch Jude oder Katholik sei, keinerlei Grund hätte, nicht für den Nationalsozialismus oder gar Parteimitglied zu sein. Wenn ich also fliehen wolle, könne das Motiv nur eine Straftat sein. Er war nicht bereit, mir das Visum auszustellen, bevor nicht geklärt war, daß ich kein Verbrecher war. Glücklicherweise traf genau zu diesem Zeitpunkt das Schreiben Holcombes ein, das die Nachricht von meiner Ernennung zum Teilzeitdozenten enthielt. Holcombes Unterschrift unter dem Brief konnte den Harvardschüler im Konsulat schließlich davon überzeugen, daß ich zu der aufrichtigen Sorte Mensch gehöre, und schließlich stellte er mir das Visum aus.

Ich erwähne diese eigentlich nebensächliche Begebenheit nicht, um ausgerechnet jenen Vizekonzul zu kritisieren, der von politischen und vor allem menschlichen Problemen völlig unbeleckt war, wie es solche Leute nun einmal sind. Lassen Sie mich darum noch von einem ähnlichen Erlebnis erzählen, das sich mehr als zwanzig Jahre später, also in den sechziger Jahren, zutrug. Es war auf einer Tagung in Salzburg, zu der der marxistische Philosoph Ernst Bloch und ich als Referenten eingeladen worden waren. Auch unsere Frauen waren dabei. Bei einer Abendgesellschaft kamen die beiden Damen ins Gespräch, und Frau Bloch fragte vorsichtig nach, wie es dazu kam, daß wir nach Amerika emigriert seien, wo wir doch keine Juden seien; sie fragte weiter, ob ich denn Kommunist sei. Meine Frau antwortete, daß ich auch kein Kommunist gewesen sei. Woraufhin Frau Bloch entgegnete: »Warum konnte er dann nicht in Österreich bleiben?« – Daß jemand antinationalsozialistisch eingestellt sein konnte, ohne dabei eine ideologische Gegenposition einzunehmen oder Jude zu sein, ist tatsächlich für die meisten Akademiker, die ich kenne, unvorstellbar.

14

IDEOLOGIEN, DIE EIGENE POLITISCHE HALTUNG UND VERÖFFENTLICHUNGEN

Wie aus den gerade erzählten Anekdoten hervorgeht, wird meine politische Haltung vor allem gegenüber dem Nationalsozialismus oft falsch verstanden, denn viel zu viele Leute, die sich öffentlich äußern, können nicht verstehen, daß Widerstand gegen den Nationalsozialismus auch in anderen als parteipolitischen Beweggründen wurzeln kann. Die Gründe, warum ich den Nationalsozialismus seit der Zeit in den zwanziger Jahren, in denen ich mit ihm konfrontiert wurde, verabscheute, können auf wenige, sehr elementare Faktoren zurückgeführt werden. Da war zuallererst der Einfluß Max Webers. Eine der Tugenden, die er von einem Gelehrten forderte, war »intellektuelle Rechtschaffenheit«. Ich verstehe nicht, was jemand in den Sozial- oder generell: in den Humanwissenschaften verloren hat, wenn er nicht aufrichtig gewillt ist, die Struktur der Realität zu erforschen. Ideologen, gleich ob positivistische, marxistische oder nationalsozialistische, ergehen sich in Konstruktionen, die vom intellektuellen Standpunkt aus unhaltbar sind. Das wirft die Frage auf, warum Menschen, die sonst ganz und gar nicht dumm sind und die sogar die Sekundärtugend besitzen, in den Dingen des Alltags durchaus rechtschaffen zu sein, sich in intellektueller Unredlichkeit ergehen, sobald sie das Feld der Wissenschaft betreten. Daß Ideologien Ausdruck intellektueller Unredlichkeit sind, steht zweifellos fest. Die verschiedenen ideologischen Varianten wurden nämlich längst allesamt der Kritik unterzogen, und jeder, der bereit ist, die entsprechende Literatur zu lesen, weiß, daß und warum sie unhaltbar sind. Wenn jemand trotzdem an ihnen festhält, muß man im ersten Moment annehmen, daß er intellektuell unredlich ist. Angesichts des allseits bekannten Phänomens intellektueller Unredlichkeit stellt sich die Frage, warum ein Mensch bereit ist, eine solche Haltung einzunehmen. Dieses grundsätzliche Problem veranlaßte mich in späteren Jahren zu komplexen Forschungen, in denen ich Ursachen und Fortdauer von Zuständen der Entfremdung zu bestimmen versuchte. Das unmittelbare und eher äußerliche Resultat dieser Reflexionen war meine Opposition gegenüber allen Ideologien – Marxismus, Faschismus, Nationalsozialismus, welche auch immer – sie waren einfach unvereinbar mit Wissenschaft in der Bedeutung von kritischer Analyse. Wieder beziehe ich mich auf den großen Denker Max Weber, über den ich auf dieses Problem stieß; ich bin nach wie vor der Überzeugung, daß ein Ideologe niemals ein kompetenter Sozialwissenschaftler sein kann.

Aus diesem Grunde sind Fragen der Parteizugehörigkeit von zweitrangiger Bedeutung; sie gehören in die Rubrik »Kampf der Ideologien untereinander«. Das aber ist kein völlig neues Phänomen. Es ist bereits in den geistigen Debatten aus der Zeit der Reformation im 16. Jahrhundert zu beobachten. Bei meinen Studien zu dieser Epoche gelangte ich zu der abschließenden Beurteilung, daß es Situationen geistiger Unordnung gibt, wo alle Parteien so falsch liegen, daß es ausreicht, die Gegenseite zu unterstützen, um wenigstens teilweise im Recht zu sein. Die Erforschung dieser Strukturen ist hilfreich, um die Bedeutung von »öffentlicher Meinung« zu erfassen. Die Strukturen als solche haben jedoch überhaupt nichts mit Wissenschaft zu tun.

Wegen dieser Position gaben mir Anhänger der unterschiedlichsten Ideologien jeden nur erdenklichen Namen. Ich habe Ordner mit Dokumenten, in denen ich als Kommunist, Faschist, Nationalsozialist, alter Liberaler, Neoliberaler, als Katholik, Protestant, Platoniker, als Neoaugustinianer, Thomist und natürlich auch als Hegelianer bezeichnet werde. Nicht zu vergessen: Angeblich bin ich auch von Huey Long beeinflußt worden. Diese Namensliste ist für mich von einiger Bedeutung, insofern als die verschiedenen Charakterisierungen jeweils den pet bête noire der jeweiligen Kritiker offenbaren und so ein gutes Bild von der intellektuellen Zerstörung und Korruption geben, die die akademische Welt augenblicklich kennzeichnet. Verständlicherweise habe ich niemals auf diese Kritiken geantwortet; Kritiker dieser Art können Gegenstand einer wissenschaftlichen Untersuchung werden, aber keine Gegner in einer Diskussion sein.

Ein anderer Grund für meine tiefe Abscheu gegen den Nationalsozialismus und andere Ideologien ist recht simpel. Ich finde es abstoßend, wenn man Menschen aus Spaß an der Freude umbringt. Worin der Spaß genau liegt, begriff ich damals nicht richtig. Inzwischen hat die umfangreiche Forschung zum revolutionären Bewußtsein die Problematik etwas erhellt. Der Spaß besteht darin, eine Pseudo-Identität dadurch zu gewinnen, daß man seine Machtposition behauptet, idealiter durch das Töten eines anderen. Diese Pseudo-Identität fungiert als Ersatz für das menschliche Selbst, das verlorengegangen ist. Auf einige Aspekte dieses Problems bin ich in meiner 1970 veröffentlichten Studie *Eclipse of Reality* zu sprechen gekommen. Ein gutes Beispiel für diese Form von Ich, das andere Menschen töten muß, um das in einer *Ersatzform* zu erlangen, was ihm verloren ging, ist der berühmte Louis Saint-Juste, der sagt, daß Brutus entweder sich selbst oder andere töten muß. Das Problem wurde eingehend von Albert Camus untersucht. Überdies ist der mörderische Gleichmut der Intellektuellen, die ihr Ich verloren haben und versuchen, es wiederzugewinnen, indem sie zu Kupplern totalitärer Mächte werden, in ausgezeichneter Weise dargelegt in Maurice Merleau-Pontys *Humanisme et terreur* aus dem Jahre 1947. Ich empfinde keinerlei Sympathie oder etwas Ähnliches für solche Personen und habe niemals gezögert, diese als »blutrünstige Schweine« zu bezeichnen.

Das dritte Motiv, das in meiner Abneigung gegen Ideologien auszumachen ist, ist das eines Menschen, der seine Sprache vor negativen Faktoren zu schützen versucht. Wenn auch nur irgendetwas für Ideologien und ihre Denker charakteristisch ist, dann ist es die Zerstörung der Sprache, manchmal in Form eines intellektuellen Jargons mit einem hohen Schwierigkeitsgrad, manchmal in vulgärer Form. Durch meine persönlichen Erfahrungen mit verschiedenen Ideologen aus dem Kreise der Hegelianer oder der Marxisten habe ich den Eindruck gewonnen, daß eine beträchtliche Anzahl von Menschen mit relativ großen intellektuellen Fähigkeiten im Grunde lieber Marxisten wären, es aber vorziehen, Hegelianer zu sein, weil Hegel weitaus komplizierter ist. Der Unterschied ist nicht in einer mehr oder weniger tiefen Überzeugung zu suchen, ich würde ihn vergleichen mit dem Unterschied zwischen einem Mann, der Schach Pinochle vorzieht. Hegel ist komplizierter und man kann ohne weiteres sein ganzes Leben damit zubringen, über die Interpretationsmöglichkeiten der Realität unter diesem oder jenem Aspekt der Hegel'schen Theorie zu reflektieren. Und das selbstverständlich, ohne sich jemals mit den falschen Voraussetzungen des Systems auseinanderzusetzen und vielleicht sogar, ohne jemals herauszufinden, daß es in der Tat Voraussetzungen bei Hegel *gibt*, die falsch sind. In Gesprächen mit Hegelianern habe ich immer wieder festgestellt, daß sie, sobald man auf die Hegel'schen Prämissen zu sprechen kommt, sich weigern darauf einzugehen und betonen, daß man Hegel nicht verstehen kann, solange man seine Prämissen nicht akzeptiert. Dies ist natürlich vollkommen richtig, aber: Wenn die Prämissen falsch sind, dann ist folglich auch alles falsch, was aus ihnen abgeleitet wird. So hat ein guter Ideologe tunlichst die Diskussion der Prämissen zu vermeiden. Im Fall von Hegel ist es vergleichsweise einfach, weil er ein erstklassiger Denker war und die Philosophiegeschichte kannte. Deswegen muß man, wenn man seine Prämissen angreifen will, zu deren Wurzeln in Plotin und im neuplatonischen Mystizismus des 17. Jahrhunderts zurückgehen. Da nur wenige von denen, die sich zu Hohepriestern der Hegel'schen Lehre aufschwingen, auch nur annähernd über den Kenntnisstand Hegels verfügen, können die Prämissen einfach im Hintergrund bleiben. Und manchmal nicht einmal das, weil diejenigen, die über Hegel sprechen, sie selbst gar nicht einmal kennen.

Im Fall von Marx ist es einfacher zu erkennen, daß die Prämissen falsch sind. Als Marx über Hegel schrieb, verdrehte er ihn so arg, daß es seine rechtschaffenen Verleger sogar feststellten und ihn vorsichtig darauf hinwiesen. Die Herausgeber der *Frühschriften* von Marx, insbesondere Siegfried Landshut, kommentierten die Studien des Autors zu Hegels *Rechtsphilosophie* folgendermaßen: »... Wenn man es einmal so sagen darf, Marx mißversteht Hegel in einer Weise, als wenn es Absicht wäre, indem er alle Begriffe von ihm als Aussagen über Tatsachen und nicht als Prädikate der Ideen auffaßt« (S. XXV–XXVI). In meiner unzivilisierten Art als ein Mensch, der nicht Gefallen daran findet, Menschen umzubringen, um damit Intellektuelle zu erfreuen, muß ich entschieden betonen, daß Marx ein intellektueller Betrüger war in der konkreten Absicht, eine Ideologie aufrechtzuerhalten, die es ihm ermöglichte, gewaltsame Handlungen gegen Menschen unter dem Anschein moralischer Entrüstung zu rechtfertigen. Ich habe diese Problematik 1958 in meiner Inauguralvorlesung in München *(Wissenschaft, Politik und Gnosis* [Kösel, 1959; Englische Ausgabe 1968]) explizit dargelegt und bei dieser Gelegenheit die geistige Verwirrung, die einer solchen Haltung zugrunde liegt, untersucht. Wie auch immer, Marx argumentiert auf einem sehr hohen intellektuellen Niveau. Das Befremden, das ich mit meiner unumwundenen Aussage über Marx als einen intellektuellen Betrüger auslöste, und dessen Echo in der Tagespresse können ohne weiteres genauso wie der Schleier, der die Prämissen Hegels umgibt, erklärt werden. Der große Schwindel von Marx gründet sich auf der platten Verweigerung, die aitiologische Argumentation von Aristoteles zu akzeptieren, nach der der Mensch nicht aus sich selbst, sondern aus dem göttlichen Grund aller Realität heraus existiert. Auch Marx hatte noch – im Gegensatz zu seinen heutigen Hohepriestern – eine sehr gute philosophische Bildung. Er wußte, daß das Problem der Aitiologie der menschlichen Existenz die zentrale Frage in einer Philosophie vom Menschen darstellt; und insofern, als er das Spezifische des Menschen zerstören wollte, indem er ihn zum »sozialistischen Menschen« erklärte, mußte Marx die Auseinandersetzung mit dem aitiologischen Problem verweigern. In dieser Hinsicht war Marx, das muß man zugeben, viel ehrlicher als Hegel, der niemals die Argumente nannte, auf die er einzugehen sich weigerte. Aber die Wirkung ist dieselbe wie bei Hegel, denn die zeitgenössischen Kritiker wissen natürlich von Aristoteles und seiner aitiologischen Argumentation genausoviel wie über die neuplatonischen Wurzeln des Hegel'schen Systems: nämlich gar nichts. Der generelle Niedergang der akademischen wie der intellektuellen Welt im westlichen Kulturkreis bildet den Hintergrund für die soziale Dominanz von Meinungen, die im späten Mittelalter oder in der Renaissance noch als völlig indiskutabel belächelt worden wären.

Wenn wir uns von Marx zu den Ideologien des späten 19. und des 20. Jahrhunderts wenden, sind wir bereits weit unter dem intellektuellen Niveau, das sogar noch den Hintergrund von Marx bildete. Daran entzündet sich meine besondere Abneigung gegen Ideologen, weil sie die intellektuelle Debatte vulgarisieren und der öffentlichen Diskussion jene ausgesprochen ochlokratische Tönung verleihen, die heute den Punkt erreicht hat, daß man sogar schon den Bezug auf die Tatsachen der Geistesgeschichte, welche bekannt sein müssen, wenn man die in der politischen Debatte auftauchenden Probleme diskutieren will, als faschistisch oder autoritär bezeichnet. Die radikale Verdammung von historischem und philosophischem Wissen ist als ein entscheidender Faktor in der Öffentlichkeit zu sehen, weil diese von Personen bestimmt wird, die noch nicht einmal intellektuelle Hochstapler genannt werden können, da ihr Bewußtseinsgrad viel zu niedrig ist, um sich der objektiven Verderbtheit bewußt zu sein. Eher müssen sie als Berufsanalphabeten mit einem starken Drang zur Selbstdarstellung charakterisiert werden.

Diese Beobachtungen führen uns letztendlich hinab auf das Niveau des Nationalsozialismus. Wie ich in meiner Semesterveranstaltung »Hitler und die Deutschen« 1964 in München feststellte, ist es äußerst schwer, eine kritische Diskussion über das nationalsozialistische Gedankengut zu führen, denn nicht wie bei Hegel oder Marx bewegt man sich bei nationalsozialistischen und verwandten nationalistischen Texten unterhalb des Niveaus, auf dem eine rationale Auseinandersetzung möglich ist. Um mit Rhetorik dieser Art richtig umzugehen, muß man zunächst eine Philosophie der Sprache entwickeln. Dabei gilt es, sowohl auf die Probleme der Symbolisierung auf der Grundlage der philosophischen Erfahrung von Humanität einzugehen als auch auf die Pervertierung solcher Symbole auf einer niedrigen Ebene durch Leute, die völlig unfähig sind, ein philosophisches Werk zu lesen. Eine Person mit diesem Niveau, das ich vulgär und, soweit es sozial wirksam ist, ochlokratisch nenne, ist als Diskussionspartner nicht zu akzeptieren, sie kann nur Gegenstand wissenschaftlicher Forschung sein. Dieses Problem des vulgären und ochlokratischen geistigen Niveaus darf man nicht auf die leichte Schulter nehmen oder etwa gar ignorieren, es ist ein ernstes Problem von größter Tragweite, denn die Vulgären schaffen und beherrschen das intellektuelle Klima, in dem die Machtübernahme durch Figuren wie Hitler möglich ist. Ich behaupte deswegen, daß im Fall von Deutschland die Zerstörer der Sprache in Literatur und Journalismus (was dreißig Jahre lang von Karl Kraus in den Ausgaben der *Fackel* charakterisiert und analysiert wurde) die wahren Verbrecher sind, die für die nationalsozialistischen Grausamkeiten verantwortlich sind. So etwas ist nur dann möglich, wenn das soziale Umfeld von den Vulgären so zerrüttet ist, daß eine Person, die diesen vulgären Geist in Reinform verkörpert, an die Macht gelangen kann.

Diese Motivationen hatte ich damals ganz genau erkannt, aber Klarheit über ihre Zielrichtung bedeutete nicht Klarheit über die Implikationen im einzelnen. Das geistige Rüstzeug, um sich mit dieser hochkomplexen intellektuellen Deformation, Perversion, Korruption, Vulgarisierung etc. angemessen auseinanderzusetzen, gab es noch nicht. Es waren Untersuchungen nötig, um ein solches Begriffsinstrumentarium schaffen zu können. In diesen Zusammenhang gehören die Studien, die ich 1938 unter dem Titel *Die Politischen Religionen* veröffentlichte. Wenn ich von *politischen Religionen* sprach, folgte ich der Literatur, die ideologische Bewegungen als eine Form von Religion interpretierte. Stellvertretend sei Louis Rougiers erfolgreiche Studie *Les mystiques politiques* erwähnt. Die Interpretation ist nicht völlig falsch, aber ich würde den Begriff *Religionen* nicht länger verwenden, weil er zu unscharf ist und schon im Ansatz das eigentliche Problem der Erfahrungen verzerrt, indem er sie mit dem anderen Problem der Dogmatik und der Doktrin vermengt. Überdies warf ich in dem schmalen Band über die *politischen Religionen* noch Probleme wie die geistige Bewegung des Echnaton, die mittelalterlichen Theorien über spirituelle und temporäre Macht, Apokalypsen, den *Leviathan* von Thomas Hobbes und bestimmte nationalsozialistische Symbole zusammen. Eine angemessene Behandlung hätte weitreichende Differenzierungen zwischen diesen verschiedenen Phänomenen erfordert. Das Buch war gerade gedruckt, da wurde noch im selben Monat – im März 1938 – Österreich von den Nationalsozialisten besetzt. Das Verlagshaus von Bermann-Fischer war unvermeidliches Angriffsziel der Besatzungsmacht, die gesamte Auflage wurde im Verlag konfisziert und gelangte deswegen nie an die Öffentlichkeit. Später erfuhr ich, daß einige Exemplare doch in den Handel gekommen waren; scheinbar erhielten verschiedene nationalsozialistische Behörden von der Gestapo einzelne Exemplare und diese gingen dann nach dem Zweiten Weltkrieg in den Umlauf.

Das Werk *Der Autoritäre Staat*, das 1936 in Wien herauskam, war alles in allem das Ergebnis angestrengtester Arbeit. Ich hatte mich als *Privatdozent* in Soziologie habilitiert und wollte meine *venia le-*

gendi auch auf die Politikwissenschaft ausdehnen. Dafür mußte ich ein neues Werk über ein eindeutig politisches Thema schreiben, wenn möglich, über ein Thema, das auf die österreichische Politik bezogen war. Material gab es in Hülle und Fülle, da die dreißiger Jahre eine Periode allgemeinen Widerstandes gegen den Nationalsozialismus waren. Der Bürgerkrieg von 1934, die Ermordung von Engelbert Dollfuß und schließlich die Gründung des Ständestaates fielen in diese Zeit. Die neue autoritäre Verfassung und ihr Hintergrund waren ein geeigneter Untersuchungsgegenstand, insofern als sich kein anderer Wissenschaftler zu jener Zeit mit dieser Thematik beschäftigte.

Die Konzeption des Buch ist nicht ganz stringent. Im ersten Teil untersuchte ich die Symbole *total* und *autoritär.* Ich möchte wiederum betonen, daß sich damals niemand mit Problemen dieser Art beschäftigte und bis dahin kein intellektueller Apparat zur Handhabung dieser topischen Begriffe geschaffen worden war. Ich entwickelte zu dieser Zeit die Unterscheidung zwischen topoi und Begriffen. Diese Unterscheidung bildet die Basis für die adäquate Behandlung des Sprachproblemes in der Politik. Was auch immer als Sprachsymbol in der Politik auftaucht, wird üblicherweise einfach als ein solches akzeptiert und geht in das unbestimmte Reich der politischen Ideen ein. Der erste Schritt, um etwas rationale Ordnung in diesem schwammigen Begriffsfeld zu schaffen, besteht darin, sich darüber im klaren zu sein, was eine Theorie eigentlich ausmacht (diese Frage hatte mich bereits zu meinen Studien auf dem Gebiet der klassischen politischen Philosophie veranlaßt) und auf welche Art und Weise sich die Begriffe einer Theorie von anderen Sprachsymbolen unterscheiden, die nicht die Ordnung der Existenz, sondern verschiedene Formen der Unordnung und der Deformation ausdrücken und die auch nur halb von den Analphabeten der vulgären Ebene verstanden werden. Zu dieser Sorte von Symbolen, die ganz eindeutig keine theoretischen Begriffe sind, gehören Symbole wie *total* und *autoritär.*

Meine Interpretation des österreichischen autoritären Staates stützte sich in einem hohem Maße auf Maurice Haurious Institutionenlehre. Außerdem hatte ich mich bereits in verschiedenen Bereichen der Philosophiegeschichte kundig gemacht, so daß ich in der Lage war, die Parallelen zu erkennen zwischen der Vorstellung eines kollektiven Ganzen, nach der die Mitglieder als untergeordnete Wesen zu behandeln sind, die mit den Ideen der Repräsentanten der kollektiven Einheit bedingungslos übereinstimmen müssen, und der averroistischen Vorstellung des *intellectus unus,* der zufolge der Geist der einzelnen Menschen nicht mehr als ein Funke ist. Ich bin nicht sicher, ob ich mir der Bedeutung dieser Entdeckung ganz bewußt war. Mit Sicherheit hatte ich jedoch bereits begriffen, daß die Übertragung des Gedankens vom *intellectus unus* auf eine weltimmanente Einheit namens *Nation* oder *Rasse* und ihre Vertreter tödlich war für das Wesen des Menschen. Ebenso war ich mir der tiefen Kluft in der Interpretation von Aristoteles' Psychologie bewußt, die sich im Mittelalter zwischen Averroes und Thomas auftat. Ich tendierte dabei eher zur Seite von Thomas als zu der der averroistischen Denker. Ein kleiner Teil des Materials, das ich in dieser Zeit durcharbeitete, wurde später in meiner Studie *Siger de Brabant* veröffentlicht.

Die Reaktion auf meine Entdeckung hatte einen komischen Nebeneffekt. Da Averroes nun einmal Araber war und Araber Semiten und Semiten letztendlich Juden sind, zweifelten bestimmte, den nationalsozialistischen Repräsentanten nahestehende Denker wie etwa Carl Schmitt ernsthaft daran, daß der nationalsozialistische Kollektivismus irgendetwas mit solchen dreckigen semitischen Ursprüngen zu tun habe. Ein weiteres wichtiges Element in diesem ersten Teil des Buches war mein erstes klareres Verständnis der Rousseau'schen Variante von kollektivistischer Staats- und Gesellschaftstheorie. Damals ging meine Analyse noch nicht sehr weit und sie umfaßte nur wenige Seiten, aber es war genau das Problem, das später in hervorragender Weise von J. L. Talmon in seinen *Origins of Totalitarian Democracy* aus dem Jahre 1952 herausgearbeitet wurde.

Der zweite Teil des Buches lieferte einen Überblick über die Probleme der Verfassungsgebung in Österreich in der historischen Perspektive seit 1848. Dabei hatte ich Gelegenheit, etwas über den Hintergrund der konstitutionellen Probleme in der österreichisch-ungarischen Monarchie und über die Kontinuität zwischen den damals gefundenen Lösungen und den Problemen der österreichischen Republik nach 1918 zu lernen.

Im dritten Teil, der die neue Verfassung zum Gegenstand hatte, führte ich eine detaillierte Analyse von Kelsens Reiner Rechtslehre und ihrer Verbindung mit der spezifisch österreichischen politischen Theorie durch. Diese Analyse umfaßte etwa fünfzig Seiten. Es sollte auch der Abschnitt des Buches sein, der mir die Schwierigkeiten mit Kelsen einbrachte. Zwar lehnte ich hier nicht die Reine Rechtslehre als solche ab, wohl aber ihren Anspruch, ein adäquater Ersatz für eine politische Theorie zu sein. Ich fühlte mich verpflichtet, die Unangemessenheit einer Rechtstheorie im Hinblick auf das Verstehen politischer Probleme zu betonen und auf die destruktiven Folgen der Auffassung hinzuweisen, daß politische Probleme nicht Gegenstand von Wissenschaft sein könnten. Seitdem war meine Beziehung zu Kelsen nicht mehr dieselbe. Noch Jahre später, in Amerika, als 1952 meine *New Science of Politics* erschien, schrieb er eine ausführliche Kritik vom Umfang eines Buches, in der er mich in Grund und Boden stampfte. Kelsen ließ mich aber freundlicherweise das Manuskript der Kritik lesen. Sie wurde nie publiziert, vielleicht weil ich ihm direkt in vorsichtiger Form per Brief und noch deutlicher über gemeinsame Freunde darauf hinwies, daß seine Auffassung von den historischen und politischen Problemen, die mit der Thematik verknüpft sind, unzureichend war und eine Veröffentlichung eher seinen als meinen Ruf schädigen würde. Da der *Autoritäre Staat* im Jahre 1936 erschien und der Verkauf des Buches 1938, als die Nazis Österreich besetzten, gestoppt wurde, war es zu der damaligen Zeit nicht besonders bekannt. Dies änderte sich auch später nicht, denn bei der russischen Eroberung von Wien fiel eine Bombe auf das Verlagshaus von Springer und die ganze Auflage verbrannte im Keller.

15

DIE EMIGRATION IM JAHRE 1938

Ich habe es schon gesagt: Nur knapp konnte ich aus Österreich fliehen. Die Gestapo wollte schon meinen Paß beschlagnahmen. Dies wäre das Ende aller Möglichkeiten der Emigration gewesen – bis auf heimlichen Grenzübergang. Die Tatsache, daß die Gestapo ihre Aufmerksamkeit auf mich richtete, hatte auch ihre komischen Seiten. Beispielsweise kam, als alle Universitätsmitglieder einer generellen Kontrolle unterzogen wurden, ein Mann der Gestapo zu uns nach Hause und durchsuchte alles: meinen Schreibtisch, die Schubfächer, meine Bücherschränke, um zu sehen, was ich so tat. Er war ein junger Mann zwischen zwanzig und dreißig Jahren, und als wir ins Gespräch kamen, erzählte er mir, daß er früher Rechtsanwalt in Hamburg gewesen sei. Zunächst untersuchte er meinen Schreibtisch im Hinblick auf belastendes Material. Damals hatte ich, da ich gefeuert worden war und mir nichts übrig blieb, als meine Emigration vorzubereiten, viel Zeit, mich der Erforschung komplizierter Probleme zu widmen. Ich beschäftigte mich gerade mit Reichsfragen und so war mein Schreibtisch über und über mit Abhandlungen über Byzanz bedeckt, einige von ihnen in Französisch oder Englisch. Der Gestapo-Mann kämpfte sich also durch diese Literatur über Byzanz durch. Nach einer Weile sagte er, daß er für die Überprüfung sämtlicher Professoren der juristischen Fakultät zuständig sei und daß mein Schreibtisch der erste sei, der wie der eines Gelehrten aussähe. Die Atmosphäre entspannte sich. Aber er mußte belastendes Beweismaterial im Hinblick auf meine politischen Interessen mitnehmen. In meinen Bücherregalen standen natürlich die politischen Basiswerke: Hitlers *Mein Kampf*, Kurt von Schuschniggs *Dreimal Österreich*, Mussolinis *Dottrina del Fascismo*, Marx' *Kommunistisches Manifest* usw. So nahm er Schuschniggs und Marx' Werk mit. Ich wand ein, daß diese einen falschen Eindruck von meiner politischen Haltung gäben. Ich sei ganz unparteiisch. Ich forderte ihn auf, Hitlers *Mein Kampf* mitzunehmen. Er lehnte jedoch ab und auf diese Weise habe ich mein Exemplar, das aus einer sehr frühen Auflage stammt, behalten. Aber zu diesem Zeitpunkt hatten wir uns bereits noch näher kennengelernt. Da er ebenso einige meiner eigenen Werke zu konfiszieren hatte, etwa *Über die Form des amerikanischen Geistes* und jene über die Rassenfrage, warf ich ein, daß es nicht sehr nett sei, die teuren gebundenen Ausgaben mitzunehmen. Er könne doch genauso die Bände mit den Korrekturabzügen beschlagnahmen. Er ging darauf ein und gab sich mit den Korrekturabzügen zufrieden. So konnte ich meine gebundenen Ausgaben behalten. Ich habe sie noch heute.

Meine Ehefrau als eine sehr ordentliche Hausfrau wollte seinen Mantel nehmen, den er über eine Stuhllehne geworfen hatte, und ihn in einen Wandschrank hängen. Woraufhin er aufschrie: »Nicht berühren! Da ist meine Pistole drin!«

Was als rechtmäßig unter den neuen, nun gültigen Gesetzen betrachtet werden mußte, wurde alles in allem eingehalten, und während ich ganz offensichtlich für die Behörden von einigem Interesse war, war es meine Frau nicht. Nebenbei bemerkt: Als ich floh, konnte sie bei ihren Eltern bleiben, die Nationalsozialisten waren und ein riesiges Bild von Hitler in ihrem Wohnzimmer hängen hatten. Natürlich kam, nachdem ich noch am gleichen Tag, an dem man meinen Paß konfiszieren wollte, geflohen war, der Gestapo-Mann am nächsten Morgen wieder, um zu fragen, wo mein Paß und ich seien. Anschließend wurde ein Wachposten vor das Haus meiner Schwiegereltern postiert, wo meine Frau lebte. Aber nachdem ich in Zürich angekommen war und ein Telegramm abgeschickt hatte, verschwand der Wachposten. Und schon zwanzig Minuten später erreichte das Telegramm meine Frau. Offensichtlich wußte er, daß ich in Sicherheit war. Eine Woche später traf meine Frau in Zürich ein.

Natürlich mußten wir das meiste zurücklassen, als wir nach Amerika gingen. Aber es war doch möglich, einige Möbelstücke und das wichtigste überhaupt: die Bibliothek herauszubekommen. Von bestimmten Sachen mußten wir uns jedoch trennen. Aber auch in diesem Zusammenhang gibt einige mehr oder weniger komische Details zu erzählen. Beispielsweise mußte ich meine wertvolle Briefmarkensammlung, die ich als Junge angelegt hatte, zurücklassen. Bücher waren augenscheinlich nicht so wertvoll. Ich weiß von anderen Leuten, die trotz der ziemlich strengen Einhaltung der Bestimmungen doch noch viele Dinge durchbekamen. Ich kenne zum Beispiel eine junge Dame, die Künstlerin war und einige Originalabzüge von Drucken Albrecht Dürers besaß. Für die Ausfuhr von Kunstobjekten benötigte man eine besondere Genehmigung, so daß sie die Drucke Dürers einfach zwischen ihre eigenen Arbeiten steckte. Der Beamte, der ihre Mappe durchsuchte, schaute einen dieser Drucke nach dem anderen an, und als er zu diesem oder jenem Werk von Dürer kam, sagte er: »Oh ja! Sie haben ja ziemliche Fortschritte als Künstlerin gemacht!« Dann ließ er sie passieren.

16

DAS LEBEN IN AMERIKA: VON HARVARD AN DIE LSU

Als ich nach Amerika kam, bekam ich eine Teilzeitstelle als Dozent in Harvard. Ich erhielt sie durch die Vermittlung von W. Y. Bill Elliot, Gottfried von Haberler und Joseph von Schumpeter, und Arthur Holcombe als der Vorsitzende der Fakultät gab seine Einwilligung zu meiner Anstellung. Mein Arbeitsvertrag war jedoch befristet. Ich erinnere mich noch an mein erstes Gespräch mit Holcombe. Als ich mich bei ihm in Harvard vorstellte, teilte er mir trocken und unmißverständlich mit, daß es Harvard eine Ehre sei, mir für ein Jahr diese Möglichkeit zu geben, daß diese Möglichkeit aber am Ende des Jahres vorüber sei. Die Bedeutung dieser Anstellung lag zunächst darin, daß ich ihretwegen das zuvor erwähnte non-quota-Visum erhielt. Andernfalls hätte ich eine unbestimmte Zeit warten müssen, bis ich für ein normales Einreisevisum an der Reihe gewesen wäre. Zweitens war Harvard natürlich von unschätzbarem Wert als gute Adresse, mit der ich mich anderswo um eine Stelle bewerben konnte. Schon während des ersten Semesters in Harvard begann ich mit der Jobsuche. Zu diesem Zweck schickte ich über zwanzig Briefe an verschiedene Universitäten und Persönlichkeiten und machte so meinen Wunsch nach einer Stelle im ganzen Land publik. Erstes unmittelbares Ergebnis war eine Anstellung am Bennington College in Vermont für das Frühjahrssemester 1939 (was bedeutete, daß ich zwischen Vermont und Cambridge hin und her pendeln mußte).

Bennington stellte eine völlig neue Erfahrungswelt für mich dar, die ich damals jedoch nur teilweise aufnehmen konnte, da meine Kenntnisse über die amerikanische Gesellschaft immer noch sehr unzureichend waren. Bald merkte ich, daß ich nicht bleiben wollte – trotz des sehr verlockenden Angebots einer Assistenzprofessur mit einem Gehalt von 5000 Dollar zum nächsten Jahr. Ursache für meinen Entschluß, das Angebot auszuschlagen und nach etwas anderem Ausschau zu halten, war das politisch-ideologische Klima an der Ostküste. Vor allem in Bennington war die sehr stark linke Orientierung deutlich zu spüren, einige Dozenten und eine ganze Reihe von Studenten bekannten sich offen zum Kommunismus. Dieses Umfeld widerstrebte mir ebensosehr wie der Nationalsozialismus, dem ich gerade entronnen war. Die Universitäten und Institute an der Ostküste waren zudem übervölkert von Flüchtlingen aus Zentraleuropa und es war abzusehen, daß, wenn ich im Osten bliebe, mein Status unweigerlich der eines Flüchtlings unter vielen gewesen wäre. Das entsprach nicht meinen Vorstellungen, denn ich hatte mich klar dafür entschieden, nun da ich von den Nationalsozialisten aus Österreich hinausgeworfen worden war, einen Schlußstrich zu ziehen und von jetzt an Amerikaner zu sein. Dieses Ziel konnte ich jedoch kaum erreichen, wenn ich fortan zu einem Angehörigen der Gruppe der Emigranten abgestempelt würde. Außerdem wollte ich Politikwissenschaftler werden. Dazu mußte ich mich mit dem amerikanischen Regierungssystem vertraut machen, indem ich es unterrichtete; aber es war unmöglich für einen Ausländer, einen Lehrauftrag für amerikanische Regierungslehre an irgendeinem der größeren Institute im Osten zu bekommen.

So nahm ich ein Angebot der Universität von Alabama an. Dort konnte ich in eine Umgebung kommen, in der auf keinen Fall andere Flüchtlinge lebten, so daß meine Anpassung und Eingewöhnung in die amerikanische Gesellschaft zumindest nicht durch äußere Faktoren von Anfang an behindert würden. Außerdem hatte ich dort die Möglichkeit, amerikanische Regierungslehre zu unterrichten, und die Fakultät unter dem Vorsitz von Roscoe Martin reichte immerhin dazu aus, mich mit der Aneignung neuer Kenntnisse über die amerikanischen Institutionen für künftige Lehraufträge auf Trab zu halten. Ich wurde miserabel bezahlt: Ich glaube, es waren 2500 Dollar im Jahr, die Hälfte von dem, was Bennington mir geboten hatte. Aber das generelle Ziel, mich in die neue Umgebung einzugewöhnen, habe ich tatsächlich erreicht dank der wirklich liebenswürdigen Aufnahme durch die Südstaatler, die eine fast herablassende Freude dabei empfanden, einen armen Unschuldigen aus Europa zu beschützen. Ich erinnere mich vor allem an Mildred Martin, die Frau des Vorsitzenden, die eine enge Freundschaft zu meiner Frau entwickelte und uns enorm half: Sie gab uns alle möglichen Ratschläge, wie wir unangebrachte Bemerkungen, die die Gefühle anderer verletzen würden, vermeiden konnten.

Während der zweieinhalb Jahre als Assistenzprofessor in Alabama arbeitete ich mich in die amerikanische Regierungslehre, in die amerikanische Verfassung und bis zu einem gewissen Grad auch in das amerikanische Verwaltungsrecht ein. Gleichzeitig hatte ich ein Seminar zur Geschichte der politischen Ideen zu halten. Da ich seit dieser Zeit Mitglied der Southern Political Science Association war und deren Versammlungen besuchte, wurden einige meiner Kollegen auf mich aufmerksam, und durch Professor Robert J. Harris, der zu dieser Zeit den Vorsitz der Fakultät an der Louisiana State University hatte, kam ich [im Jahre 1942] als Assistenzprofessor nach Louisiana. Ich war ziemlich glücklich über diesen Wechsel, denn er bedeutete eine wenn auch geringfügige Verbesserung unserer finanziellen Situation und zweifellos auch unseres Umfeldes.

Es war noch die Zeit der Gruppe, die die erste *Southern Review* herausgebracht hatte. Dazu gehörten, als ich in Louisiana anfing, Robert B. Heilman und Cleanth Brooks von der anglistischen Fakultät, und auch Robert Penn Warren war noch für ein Jahr dabei, bis er nach Minnesota ging. Ich erinnere mich auch daran, daß ich Katherine Anne Porter auf einer Party begegnete. Diese Kreise außerhalb meiner Fakultät waren von unschätzbarem Wert. Sie verschafften mir Zugang zu den interessanten Strömungen in der Literaturkritik und brachten die Freundschaft mit Männern, die auf dem Gebiet der englischen Literatur und Sprache Autoritäten darstellten. Ich möchte da vor allem Robert B. Heilman erwähnen, der mich in bestimmte Geheimnisse der Geschichte der amerikanischen Literatur einweihte und so nett war, mir bei meinen Schwierigkeiten in der Erlernung eines idiomatischen Englischs zu helfen. Ich erinnere mich noch an eine bestimmte Situation, bei der er ein Manuskript von mir, etwa zwanzig Seiten, durchging und dabei jeden idiomatischen Fehler anstrich, so daß ich nachher eine ziemlich große Liste von generellen Fehlern hatte, die zu verbessern waren. Heilmans Korrekturen, ich muß es betonen, brachten den

Wendepunkt in meinem Zugang zur englischen Sprache und halfen mir Schritt für Schritt, sie einigermaßen zu beherrschen.

Durch die Freundschaft mit Brooks und Heilman erhielt ich darüber hinaus auch Einblick in die soziale Differenzierung des amerikanischen Englischs. Wenn man nach Amerika kommt, wird man natürlich von der Sprache beeinflußt, die die verschiedenen Leute direkt um einen herum sprechen: Einige spechen korrektes Englisch, einige verwenden lokale Idiome und einige einen vulgären Wortschatz mit allen möglichen Fehlern. Wenn man sich bemüht, sich in sein Umfeld einzugliedern, ohne dabei jedoch zu wissen, zu welcher Schicht das Umfeld gehört, dann kann es einem schnell passieren, daß man an den unteren Rand der vulgären Skala gerät. Heilman und Brooks wußten natürlich genauestens über die soziale Schichtung der Sprache Bescheid und diskutierten mit mir meine Vermutungen bezüglich der Sprache, die ich in meiner direkten Umgebung hörte.

Der Charakter des Problemes wird aus einem Gespräch mit Cleanth Brooks ersichtlich. Als ich einmal über den Campus lief, traf ich ihn mit sorgenvollem Gesicht und tief in Gedanken versunken. Ich fragte ihn, was ihn beschäftige, und er erzählte mir, daß er ein Kapitel über typische Stilfehler für ein Lehrbuch vorbereiten müsse, das er zusammen mit Robert Penn Warren neu herausgebe, und daß es eine ziemliche Knochenarbeit sei, solche typischen Fehler zu finden. Ich war etwas überrascht und entgegnete unbedarft: »Aber es ist doch sehr einfach, typische Fehler zu entdecken. Man muß nur einfach irgendein Unterrichtslehrbuch nehmen und schon findet man ein halbes Dutzend auf jeder Seite.« Er erklärte mir, er könne nicht nach dieser Methode vorgehen, da Pädagogen über eine sehr unterdurchschnittliche Bildung verfügten. Ihre Fehler könne man nicht als typisch für eine durchschnittliche englischsprachige Person betrachten. Er benutzte vielmehr Soziologie-Lehrbücher und mußte manchmal bis zu zwanzig Seiten von diesem Zeug lesen, bis er auf ein wirklich gutes Beispiel stieß. Aber auch an diesem Verfahren hatte er seine Zweifel, denn auch Soziologen schrieben kein typisches Englisch, sondern rangierten unter dem Durchschnitt, wenngleich nicht so weit unten wie die Pädagogen.

Dies waren die Abstufungen, die ich nach und nach kennenlernen mußte, um mir ein einigermaßen akzeptables Englisch anzueignen, das frei von ideologischem Jargon und von den Idiosynkrasien war, die die vulgären Ebenen in der akademischen Welt kennzeichnen.

Im Zentrum meiner Aktivitäten stand selbstverständlich die Fakultät für Regierungslehre. Ich hatte zwei Unterrichtseinheiten für amerikanische Regierungslehre übernommen, so daß ich mein Ziel erreichte, sechzehn – bzw. inklusive der Jahre in Alabama zwanzig – Jahre lang amerikanische Regierungslehre zu unterrichten. Beträchtliche Hilfe dabei, die amerikanischen Gesetze verstehen zu lernen, erhielt ich von Robert J. Harris, der ein enger Freund von mir wurde. Er war ein erstklassiger Kenner der Urteile des Supreme Court und konnte mir eine Reihe von Dingen erklären, die sonst lange Zeit für mich verborgen geblieben wären. Den Gesprächen mit ihm habe ich vor allem zu verdanken, daß ich nun die enorme Bedeutung des Prozeßrechts für die Rechtsprechung des Supreme Court verstehe. Außer in amerikanischer Regierungslehre hatte ich in vergleichender Regierungslehre Seminare zu halten, einmal auch sogar über die Geschichte der Diplomatie. Mein Hauptseminar in all den Jahren galt gewöhnlich der Geschichte der politischen Ideen.

17

VON DEN POLITISCHEN IDEEN ZU DEN SYMBOLEN DER ERFAHRUNG

Das bringt mich zum Problem der Ideengeschichte. In Harvard war ich Fritz Morstein-Marx begegnet, der zu jener Zeit eine Lehrbuchreihe für McGraw-Hill herausgab. Er war so freundlich, mich für diese Reihe mit einem Lehrbuch von bescheidener Größe – ich glaube, 200 bis 250 Seiten waren ins Auge gefaßt – zu beauftragen. So kam es, daß ich nicht nur politische Ideengeschichte lehrte, sondern schließlich auch eine schrieb. Ich begann meine Arbeit damit, daß ich als Modell dafür, was inhaltlich aufzunehmen oder wegzulassen war, die *Geschichte der politischen Ideen* von George H. Sabine aus dem Jahre 1937 durchging, die zu jener Zeit das Standardwerk war. Aber als ich mich mehr und mehr in die Materie einarbeitete, erkannte ich, daß die bisherige Art und Weise der Darstellung unzureichend war und daß ich über den Stoff zu wenig wußte, um ihn angemessener aufbereiten zu können. Ich mußte mich durch die Literatur von den griechischen Anfängen bis in die Gegenwart durcharbeiten. Und dies tat ich über Jahre hinweg. Dieses Verfahren ging jedoch über meinen Auftrag, ein kleines Lehrbuch für die Reihe von Morstein-Marx zu schreiben, weit hinaus. Ich konnte nicht rechtzeitig abgeben, weil ich immer noch damit beschäftigt war, mir Wissen über Quellen anzueignen. Und je mehr Wissen ich mir aneignete, umso dicker wurde das Manuskript.

Aber das war nicht alles. Im Laufe der Arbeit wurde deutlich, daß die übliche Begrenzung der Geschichte der politischen Ideen, mit den griechischen klassischen Philosophen anzufangen und bei diversen zeitgenössischen Ideologien aufzuhören, unhaltbar war. Einige dieser Probleme hatten sich mir bereits in Alabama gestellt. Dort hatte ich entdeckt, daß man nicht angemessen über das Mittelalter schreiben kann, ohne ein gutes Stück mehr über die Ursprünge des Christentums zu wissen, und daß man die Ursprünge des Christentums nicht richtig verstehen kann, ohne sich mit dessen jüdischem Hintergrund zu beschäftigen. So begann ich bereits in Alabama, Hebräisch zu lernen bei dem dort ansässigen Rabbi, der auch Sprachkurse an der Universität gab. Der Anfang war hart, aber allmählich erwarb ich ausreichende Kenntnisse in Grammatik und Wortschatz, um Übersetzungen zu überprüfen und um schließlich meine eigenen Übersetzungen anhand der Originaltexte zu machen. Durch diese Studien zu dem Hintergrund der israelitischen Geistes- und Religionsgeschichte war das Schema einer Geschichte der politischen Ideen, die mit der griechischen Philosophie einsetzte, bereits gesprengt. Es kam aber noch schlimmer: Ich stieß auf die großartigen Forschungsergebnisse zu den alten Hochkulturen im Nahen Osten, welche die Mitglieder des Oriental Institute in Chicago erzielt hatten. Der thematische Rahmen weitete sich nun aus auf die Reiche des alten Nahen Ostens, aus denen Israel hervorging; die Geschichte Israels war der Hintergrund für das Christentum, und das Christentum bildete den Hintergrund für die Ideen in der Zeit des Mittelalters. Das Schema der linearen Entwicklung der politischen Ideen von dem vermeintlichen Konstitutionalismus Platons und Aristoteles' über den dubiosen Konstitutionalismus im Mittelalter hin zum glorreichen Konstitutionalismus der Moderne brach zusammen.

Sodann zeigten sich auch an anderen Stellen des Schemas Schwachpunkte. Ich war bei der Niederschrift der *History of Political Ideas* schon weit in das 19. Jahrhundert vorgedrungen. Große Kapitel über Friedrich Georg Schelling, Michail Bakunin, Karl Marx und Friedrich Nietzsche waren fertig. Als ich an dem Kapitel über Schelling arbeitete, ging mir auf, daß der Begriff einer Ideengeschichte eine ideologische Deformierung der Realität ist. Es gab keine Ideen, wenn es keine Symbole unmittelbarer *Erfahrungen* gab. Darüber hinaus konnte man unter der Überschrift »Ideen« nicht ein ägyptisches Krönungszeremoniell oder das Vortragen des *Enuma Elish* während der sumerischen Neujahrsfeiern abhandeln. Ich war noch nicht in der Lage, wirklich zu verstehen, woher die Vorstellung von Ideen stammte und was sie bedeutete. Erst sehr viel später entdeckte ich, daß der Ursprung wahrscheinlich in den *koinai ennoiai* der Stoa zu sehen ist. Diese allgemein verbreiteten oder selbstverständlichen Meinungen bildeten den Ausgangspunkt der Kritik im ersten Kapitel von Lockes *Essay concerning Human Understanding* von 1690. Locke stellte ihre Gültigkeit in Frage, um zu den Erfahrungen zurückzukehren, die die Ideen hervorbringen.

Diese verschiedenen Faktoren, die mich auf die theoretischen Schwächen meiner konventionellen Grundvorstellungen bezüglich einer Geschichte der politischen Ideen hinwiesen, tauchten nicht alle auf einmal auf und fanden auch keine sofortigen Lösungen. Ich würde die fünf Jahre zwischen 1945 und 1950 als eine Periode der Unentschiedenheit, wenn nicht gar der Lähmung charakterisieren: Die Probleme waren mir eindeutig vor Augen, aber ich konnte sie intellektuell nicht zufriedenstellend durchdringen. Meine Arbeit nahm kein Ende. Ich mußte weiterhin Quellen analysieren, und der Horizont wurde während des Zweiten Weltkrieges sogar noch größer, weil China in Mode kam und die Fakultät entschieden hatte, daß ich aufgrund meiner sprachlichen Fähigkeiten chinesische Regierungslehre unterrichten sollte. So kam ich zum Studium der chinesischen Geschichte. Und weil es schwierig war, über aktuelle Ideen in China zu sprechen, ohne deren Wurzeln in der chinesischen Klassik zu kennen, begann ich, Chinesisch zu lernen. Ich lernte so viel, daß ich die Zeichen der Klassiker, insbesondere von Konfuzius und Lao-tzu, verstehen konnte. Diese Kenntnisse sollten mir beim Verstehen der chinesischen Gedankenwelt entscheidend helfen. Auch heute noch sind sie mir von Nutzen, weil ich so in den von Madame Mao Tsetung propagierten Revolutionsopern die Vorlage der Ballettlibretti der Chou-Periode herauszulesen vermag – mit dem kleinen Unterschied, daß die Autoren der Chou-Zeit den Sieg der Chou-Dynastie preisen, wohingegen die modernen Revolutionsopern den Sieg der revolutionäen Armeen feiern. Dennoch, alles in allem war es eine Zeit theoretischer Lähmung mit immer größer werdenden Problemen, für die ich keine sofortige Lösung fand.

Ein erster Durchbruch ereignete sich im Zusammenhang mit den Walgreen Lectures, die ich 1951 in Chicago hielt. Hier war ich gezwungen, in relativ komprimierter Form einige von meinen Gedanken, die sich allmählich herauszukristallieren begonnen hatten, zu formulieren. Ich beschränkte mich auf das Problem der Repräsentation und die Beziehung zwischen Repräsentation und sozialer und persönlicher Existenz in Wahrheit. Es war offenkundig, daß beispielsweise die sowjetische Regierung die Macht im Lande nicht aufgrund von repräsentativen Wahlen im westlichen Sinne hatte und dennoch der Vertreter des russischen Volkes war – aber kraft welcher Eigenschaft? Diese Frage nannte ich zu dieser Zeit das Problem der existentiellen Repräsentation. Ich hatte entdeckt, daß diese existentielle Repräsentation stets den Kern einer effektiven Regierung bildete, unabhängig von dem formalen Verfahren, durch das die existentiell repräsentierende Regierung an die Macht gekommen war. In einer vergleichsweise primitiven Gesellschaft, in der die Masse der Bevölkerung unfähig zu rationaler Auseinandersetzung und zur Bildung von Parteien ist, welche sich bestimmte Ziele setzen, wird die Regierung ohne eine Zustimmung durch Wahlen auf traditionellen oder revolutionären Kräften basieren. Die Akzeptanz der Regierung gründet sich darauf, daß sie mehr oder weniger angemessen die fundamentalen Aufgaben erfüllt, für die jede Regierung konstituiert wird – die Sicherung des inneren Friedens, die Verteidigung des Territoriums, die Ausübung und Wahrung des Rechts und die soziale Fürsorge für die Bevölkerung. Werden diese Aufgaben von der Regierung einigermaßen zufriedenstellend ausgeführt, dann ist das Verfahren, durch das sie an die Macht kommt, von sekundärer Bedeutung. Diese existentielle Repräsentation fand ich in meinen empirischen Studien zu den historischen Gesellschaften ergänzt durch den Anspruch auf – wie ich es damals nannte – »transzendente« Repräsentation. Mit transzendenter Repräsentation meinte ich die Symbolisierung der Regierungsfunktion als Vertretung der göttlichen Ordnung im Kosmos. Dies ist die elementare Symbolform, die in den alten Reichen des Nahen Ostens, in denen der König Repräsentant des Volkes vor dem Gott und zugleich Repräsentant des Gottes vor dem Volk war, zu beobachten ist. Nichts hat sich an dieser grundlegenden Ordnungsstruktur geändert, auch nicht in den modernen ideologischen Reichen. Der einzige Unterschied besteht darin, daß der Gott, den die Regierung nun repräsentiert, durch eine Geschichtsideologie ersetzt worden ist, die die Regierung kraft ihrer Eigenschaft als Trägerin der Revolution verkörpert.

Die gerade angesprochene Differenz mußte in verschiedenen theoretischen Begriffen ausgedrückt werden. Aufgrund meiner Studien zur Geschichte des Christentums und des Mittelalters wußte ich seit mehreren Jahren von verschiedenen Sektenbewegungen, deren Einstellungen und Überzeugungen noch in keiner Darstellung ausreichend beschrieben worden waren. In den vierziger und fünfziger Jahren wurde mir nach und nach bewußt, daß neben der klassischen Philosophie und der christlichen Offenbarung, wie sie von der Hauptkirche symbolisiert wurde, andere Symbolformen von grundlegenden Glaubensbekenntnissen existierten, die von den Fachexperten als gnostisch bezeichnet wurden. Wenn ich mich recht erinnere, wurde ich zum ersten Mal auf das Problem des Gnostizismus und die Anwendung dieser Symbolform auf moderne ideologische Phänomene aufmerksam durch die Einleitung von Hans Urs von Balthasars *Prometheus* aus dem Jahre 1937. Seit den dreißiger Jahren war eine beträchtliche Anzahl von Werken über den Gnostizismus erschienen, und hier und dort fanden sich beiläufige Anmerkungen hinsichtlich moderner Parallelen. Ich entdeckte, daß die Kontinuität des Gnostizismus von der Antike bis in die moderne Zeit hinein unter den besseren Gelehrten des 18. und des frühen 19. Jahrhunderts wohl bekannt war. Ich sollte das großartige Werk *Die christliche Gnosis; oder die christliche Religionsphilosophie in ihrer geschichtlichen Entwicklung* aus dem Jahre 1835 von Ferdinand Christian Baur erwähnen. Baur skizzierte den Gang der Geschichte des Gnostizismus von der ursprünglichen Gnosis in der Antike, durch das Mittelalter hindurch geradewegs bis zu der Religionsphilosophie Jakob Böhmes, Schellings, Friedrich Schleiermachers und Hegels.

Ich möchte betonen, daß der Gnostizismus und ebenso seine Geschichte von der Antike hin bis zur Gegenwart Gegenstand einer in hohem Maße entwickelten Wissenschaft ist, und daß die Idee, moderne Phänomene als gnostische zu interpretieren, nicht so originell ist, wie es den Ignoranten erscheint, die mich deswegen kritisierten. Generell möchte ich anmerken, daß ich zweifellos der größte Philosoph in der Geschichte der Menschheit wäre, hätte ich selbst all jene historischen und philosophischen Probleme entdeckt, wegen der mich Intellektuelle kritisierten. Bevor ich überhaupt etwas über die Anwendbarkeit von gnostischen Kategorien auf moderne Ideologien veröffentlichte, wand ich mich an die damaligen Autoritäten auf dem Gebiet des Gnostizismus, vor allem an Henri Charles Puech in Paris und Gilles Quispel in Utrecht. Puech betrachtete es als eine Selbstverständlichkeit, moderne Ideologien mit gnostischen Spekulationsformen zu vergleichen; und Quispel machte mich auf den Gnostizismus von C. G. Jung, für den er sich ganz besonders interessierte, aufmerksam.

Seit dem ersten Mal, wo ich den Gnostizismus mit modernen Ideologien verglich, in der *New Science of Politics* und 1959 in meiner Studie *Wissenschaft, Politik und Gnosis,* mußte ich meine Position revidieren. Die Anwendbarkeit der Kategorie des Gnostizismus auf moderne Ideologien ist selbstverständlich stichhaltig. In einer vollständigen Analyse müssen jedoch auch andere Faktoren berücksichtigt werden. Einer dieser Faktoren ist die metastatische Apokalypse, die sich direkt von den israelitischen Propheten ableitete und über Paulus einen roten Faden in den christlichen Sektenbewegungen bildete bis hin zur Renaissance. Eine ausgezeichnete Darstellung dieser Kontinuität findet sich in Norman Cohns *The Pursuit of the Millenium.* Darüber hinaus entdeckte ich, daß weder der apokalyptische noch der gnostische Aspekt den Prozeß der Immanentisierung ausreichend erklärt. Dieser Faktor hat eigenständige Wurzeln in dem Wiederaufleben des Neuplatonismus im späten 15. Jahrhundert. Der Versuch, durch eine Wiederbelebung des Neuplatonismus wieder einen Zugang zu der kosmischen Ordnung zu finden, scheiterte; eine Wiederbelebung der göttlichen Ordnung im Kosmos im antiken Sinne hätte auch eine Wiederanknüpfung an die pagane Götterwelt erfordert, und das funktionierte nicht. Was übriggeblieben war von der innerkosmischen Ordnung, die die Neuplatoniker wiederherzustellen versuchten, war die immanente Ordnung der Realität – ein Immanentismus, der säkular werden mußte, als, genau wie heute, der christliche Gott ebenso wie die heidnischen Götter hinausgeworfen wurde.

Dementsprechend waren die *Erfahrungen,* die immanentistischen Konstruktionen zugrundeliegen, zu untersuchen. Als historische Phänomene sind sie nicht unbekannt. Vielleicht ist die wichtigste Erfahrung die Hobbes'sche Ablösung des *amor Dei* von der augustinischen Struktur der Seele und die Beschränkung der ordnenden Kraft der Seele auf den *amor sui.* Diese Reduzierung auf den *amor sui* wurde dann im 18. Jahrhundert dominant, als die Psychologie des *amor-de-soi* von den französischen *moralistes* entwickelt wurde.

Auch wenn es keinen Zweifel an dem Phänomen selbst gibt, so ist doch seine Interpretation schwierig, weil in der konventionellen philosophischen Terminologie die neue reduzierte Position akzeptiert worden ist. Die Beschränktheit dieser Position ist nicht Gegenstand der Analyse bzw. der Kritik. Erst vor einigen Jahren habe ich das Konzept der *egophanischen Revolte* entwickelt, um die Konzentration auf die Epiphanie des Ich als eine fundamentale Erfahrung zu bezeichnen, die die Epiphanie Gottes in der Struktur des klassischen und des christlichen Bewußtseins ausklammert. In der *New Science of Politics* habe ich bereits den Begriff *Apokalypse des Menschen* benützt, um dieses Problem abdecken zu können. Bei dieser Gelegenheit wollte ich auf die Entdeckung der menschlichen Fähigkeiten eingehen, die die Moderne kennzeichnet. Diese Entdeckung wurde zweifellos gemacht, aber der Hinweis auf sie würde nicht ausreichen, um die Folgewirkung der Beschränkung in der Seele zu begründen. Die Entdeckung des Menschen mußte mit dem Tod Gottes bezahlt werden, wie Hegel und Nietzsche das Phänomen nannten. Der Begriff *egophanische Revolte,* der jene Erfahrung des überheblichen Ego von der theophanischen Verfaßtheit der Menschheit abgrenzt, scheint mir momentan die beste terminologische Lösung zu sein.

Der Terminus *metastatische Apokalypse* bedarf einer kurzen Erläuterung. Ich entwickelte den Begriff bei meinen Studien über die israelitischen Propheten. Bei der Prophezeiung des Isaias haben wir den merkwürdigen Fall, daß der Prophet dem König von Juda rät, nicht auf die Befestigungen Jerusalems und die Schlagkraft seiner Armee zu vertrauen, sondern allein auf seinen Glauben an Jahwe. Wenn der König wahren Glauben im Herzen trage, dann würde Gott schon den Rest besorgen und dem Feind Panik oder eine Epidemie schicken, so daß die Gefahr für die Stadt bald gebannt sei. Der König besaß genügend Menschenverstand, dem Rat des Propheten nicht zu folgen, sondern sich auf die Befestigungsanlagen und die militärische Ausrüstung seiner Kämpfer zu verlassen. Dennoch: Die Annahme des Propheten, daß durch einen Akt des Glaubens die Struktur der Realität nachhaltig verändert werden könne, bedurfte der Erklärung.

Bei der Auseinandersetzung mit diesem Problem war natürlich mein erster Gedanke, daß der Prophet ein Magier war oder zumindest an Magie glaubte. Das wäre nicht weiter verwunderlich gewesen, denn in der Geschichte Israels hatten die Propheten beispielsweise die Funktion inne, dem König beim Abschuß eines Pfeiles gegen den Feind den Arm zu führen. Mit diesem magischen Ritual sollte der Sieg herbeigeführt werden. Im Falle von Isaias würde die moderne Psychologie, etwa Nietzsche oder Freud, von einer Form der Sublimierung der eher primitiven physikalischen Magie sprechen. Dennoch war ich mit meiner Interpretation, die in eine ähnliche Richtung ging, unzufrieden. Ich sprach mit Gerhard von Rad in Heidelberg über diese Angelegenheit. Er war entsetzt bei dem Gedanken, daß ein so großartiger Prophet wie Isaias ein Magier sein sollte. Seine Entrüstung beeindruckte mich so sehr, daß ich einen Kompromiß machte: Ich verwendete nicht den Begriff *Magie* für den Rat des Isaias, sondern schuf einen neuen Terminus, um die spezifische, sublimierte magische Auffassung von der Möglichkeit der Veränderung der Realität durch einen Akt des Glaubens zu bezeichnen. Und diese Art des Glaubens nannte ich *metastatischer Glaube*, der Glaube an eine Metastasis – Veränderung – der Realität durch einen Akt des Glaubens. Ich bin mir nicht sicher, ob ich heute noch einmal diesen Kompromiß eingehen würde. Denn diese Art des Glaubens ist in der Tat magisch, wenngleich man diese »sublimierte« Variante gegen primitivere magische Handlungen abgrenzen muß. Würde man wirklich eine scharfe Linie zwischen Magie und metastatischem Glauben ziehen, wäre zu befürchten, daß der ihnen gemeinsame Aspekt – der Versuch, ein gewünschtes Ziel durch Mittel jenseits der natürlichen Kausalitätsbeziehungen zu erreichen – aus dem Blickfeld gerät.

18

ALFRED SCHÜTZ UND DIE THEORIE DES BEWUSSTSEINS

Wesentliche Fortschritte bei dem Verständnis der Probleme, die mich die vierziger Jahre hindurch und auch bei meiner Arbeit an *Order and History* beschäftigten, habe ich meiner Korrespondenz mit Alfred Schütz über das menschliche Bewußtsein zu verdanken. Diese Briefe wurden erst 1966 als der erste Teil meines Werkes *Anamnesis* veröffentlicht. Ursache für die Korrespondenz mit Schütz war die Lektüre von Edmund Husserls *Krisis der europäischen Wissenschaften.* Diese Untersuchung interessierte mich sehr aufgrund des großen historischen Bogens, den Husserl hierin von Descartes bis hin zu seinem eigenen Werk schlug. Aber sie verärgerte mich auch in einem hohen Maße wegen der hier zum Ausdruck kommenden, ziemlich naiven Arroganz eines Philosophen, der glaubte, daß mit seiner Methode der Phänomenologie letztendlich der, wie er es nannte, apodiktische Horizont der Philosophie erreicht worden sei und daß von nun an jeder, der ein wahrer Philosoph sein wollte, in der Nachfolge Husserls zu stehen habe. Diese arrogante Haltung erinnerte mich zu sehr an verschiedene andere Philosophien wie die von Hegel oder Marx und ebenso an die Auffassung der Nationalsozialisten, daß sie die endgültige Wahrheit gefunden hätten. Vor allem Husserls Anmaßung, von sich selbst als Sachwalter des Geistes zu sprechen, stieß mich ab. Diese Sprache erinnerte mich an meine gerade erst gemachten Erfahrungen mit Funktionären ganz anderer Art. Meine frühere Analyse des Bewußtseins in *Über die Form des amerikanischen Geistes* fand nun ihre Fortsetzung in einer ausführlichen Kritik von Husserls Theorie des Bewußtseins. Der entscheidende Punkt dabei war, daß er die sinnliche Wahrnehmung der Dinge der externen Welt zum Modell des Bewußtseins erhob. Wenngleich die intellektuelle Schärfe der

Analyse, mit der er dieses Modell der Wahrnehmung entwickelte, nicht zu bestreiten war, so erschien es mir doch lächerlich zu sagen, daß das Bewußtsein nichts anderes als das Bewußtsein von Objekten der äußerlichen Welt sei. Zu jener Zeit, im Jahre 1942, wußte ich bereits genug über die klassische, die patristische und die scholastische Philosophie, um zu erkennen, daß die Denker, die ihre Philosophie auf eine Analyse des Bewußtseins gegründet hatten, eine Reihe von Phänomenen untersucht hatten, die jenseits der Wahrnehmung von Gegenständen der äußeren Welt lagen. Ich beschäftigte mich deswegen mit der Frage, welche Erfahrungen nun wirklich das Bewußtsein des Menschen konstituieren. Ich tat dies durch eine *anamnesis,* die Wiedererinnerung an entscheidende Erfahrungen in meiner Kindheit. Und so schrieb ich auch tatsächlich zwanzig kurze Skizzen, die jeweils eine jener frühen Erfahrungen wiedergeben, so daß insgesamt so etwas wie eine intellektuelle Autobiographie bis zum Alter von zehn Jahren entstand.

Die beschriebenen Phänomene waren eindeutig dem Bereich des Bewußtseins zuzuordnen, weil sie mein Bewußtsein von verschiedenen Bereichen der Realität im Kindesalter widerspiegelten. Und diese Erfahrungen hatten sehr wenig zu tun mit Objekten der Sinneswahrnehmung. Eine der Erfahrungen, die so tief saßen, daß ich mich noch vierzig Jahre später daran erinnern konnte, war beispielsweise die Geschichte des Mönches von Heisterbach. Heisterbach war die Ruine eines mittelalterlichen Klosters in der Nähe von Königswinter. Wir machten oft unseren Sonntagsausflug dorthin. Der Mönch von Heisterbach war eine mythische Figur. Er verirrte sich, um nach tausend Jahren zurückzukehren und zu entdecken, daß diese tausend Jahre für ihn wie ein einziger Tag verstrichen waren. Solche Formen der Konzentration und Verkürzung von Zeiträumen bildeten, obwohl sie eindeutig nicht Probleme sinnlicher Wahrnehmung sind, entscheidende Elemente zumindest meines Bewußtseins, wenn auch nicht bei Husserl. In dieser Art und Weise setzte ich mich mit Erfahrungen auseinander wie beispielsweise den Ängsten und der Faszination, die ich empfand, wenn ich mit Hans Christian Andersen in einem seiner Märchen am Ende der bekannten Welt stand und nach Norden in einen geheimnisvollen, unendlichen Horizont schaute. Oder Erfahrungen festlicher Aufgeregtheit im Leben, die ich empfand, als

Schiffe des Nachts den Rhein hinunterfuhren, auf denen Feste gefeiert wurden. Diese Art von Erfahrungen konstituiert Bewußtsein; und dies ist das *wahre* Bewußtsein, das ein Mensch besitzt, es sei denn, jemand beharrt darauf, daß meine Kindheit völlig anders als die aller anderen Kinder in der Menschheitsgeschichte gewesen wäre. Diese Erfahrungen der Partizipation in den verschiedenen Bereichen der Realität bilden den Horizont der Existenz in der Welt. Die Betonung liegt auf Erfahrungen der Realität in der Mehrzahl: Ihnen gegenüber gilt es, offen zu sein und sie in Balance zu halten. Dies ist es, was ich unter der Haltung eines Philosophen verstanden habe, und dies ist auch die Haltung, die ich in der offenen Existenz aller großen Philosophen entdeckt habe, auf die ich bis dahin gestoßen war. Diese Offenheit der Realität wiederherzustellen, erschien mir als die zentrale Aufgabe der Philosophie.

Für die Analyse der Erfahrungen war ein spezifisches technisches Vokabular erforderlich. Glücklicherweise mußte ich dabei nicht bei Null anfangen, sondern ich konnte Stück für Stück von anderen Philosophen lernen, die denselben Prozeß durchgemacht und bereits Begriffe entwickelt hatten, mit denen sie die analytischen Schritte in der Erforschung ihrer Erfahrungen bezeichnen konnten. Das Zentrum des Bewußtseins, so entdeckte ich, bildete die Erfahrung des Partizipierens, d. h. die Realität, in Kontakt mit der Realität außerhalb meiner selbst zu sein. Dieses Bewußtsein vom Partizipieren als dem zentralen Problem wurde verstärkt durch die Analyse von Mythen, wie sie von den Mitgliedern des Oriental Institute in Chicago unter der Kategorie der Konsubstantialität durchgeführt, von Henri und H. A. Frankfort konzipiert und wahrscheinlich von Lucien Lévy-Bruhl übernommen wurde. Wäre der Mensch nicht konsubstantiell mit der Realität, die er erfährt, dann könnte er sie gar nicht erfahren. Aus der Philosophie erhielt ich wesentliche Bestätigung durch den radikalen Empirismus des William James. James' Studie zur Frage »Does ›Consciousness‹ Exist?« aus dem Jahre 1904 erschien mir damals wie heute als eines der wichtigsten philosophischen Schriften des 20. Jahrhunderts. Bei der Entwicklung seiner Theorie der reinen Erfahrung berührte James das Problem der Realität des Bewußtseins vom Partizipieren, insofern als seine *reine Erfahrung* sowohl mit dem subjektiven Strom des Bewußtseins als auch mit dem Gegenstand der äußeren

Welt in Zusammenhang gebracht werden kann. Diese grundlegende Einsicht von James setzt das, was zwischen dem Subjekt und dem Objekt des Partizipierens liegt, mit der Erfahrung gleich. Später fand ich heraus, daß dieselbe Art der Analyse in einem weit größeren Maßstab von Platon vorgenommen worden war und in seinem Begriff des *metaxy* – des Zwischen – ihren Niederschlag gefunden hatte. Die Erfahrung ist weder im Subjekt, noch in der gegenständlichen Welt, sondern im Zwischen. Das heißt: zwischen den beiden Polen Mensch und Realität, die dieser erfährt.

Der Zwischen-Charakter der Erfahrung wird besonders wichtig beim Verstehen der Antwort auf die Bewegung der göttlichen Gegenwart. Denn die Erfahrung solcher Bewegungen ist nicht in dem Bewußtseinsstrom des Menschen – Mensch verstanden im immanentistischen Sinne – angesiedelt, sondern in dem Zwischen des Göttlichen und des Menschlichen. Die Erfahrung ist die Realität sowohl der göttlichen, als auch der menschlichen Gegenwart. Und erst nachdem sie sich ereignet hat, kann sie entweder dem menschlichen Bewußtsein oder – unter dem Begriff der Offenbarung – dem göttlichen Bereich zugeordnet werden. Eine ganze Reihe von Problemen aus der Geschichte der Philosophie erwiesen sich nun als Hypostasierungen der Pole einer reinen Erfahrung im Sinne von William James oder der *metaxy*-Erfahrungen im Sinne Platons. Mit *Hypostasierungen* meine ich die trügerische Auffassung, daß die Pole der partizipierenden Erfahrung voneinander getrennte Entitäten sind, die bei einer Erfahrung in einen mysteriösen Kontakt treten. Mit Sicherheit liegt hier ein Mysterium vor, aber auch ein Mysterium kann deutlich ausgedrückt werden, indem die partizipierende Realität der Erfahrung als der *Ort* des Bewußtseins herausgestrichen und die *Pole* der Erfahrung als ihre Pole und nicht als in sich abgeschlossene Entitäten verstanden werden. Das Problem so erfahrener Realität wird zum Problem eines Flusses partizipierender Realität, in der Realität durchsichtig wird für sich selbst im menschlichen Bewußtsein. Der Begriff *Bewußtsein* konnte deshalb für mich nicht länger ein menschliches Bewußtsein, das sich einer Realität außerhalb seiner selbst bewußt ist, meinen, sondern mußte die Bedeutung annehmen von der Zwischen-Realität der partizipierenden reinen Erfahrung, die dann analytisch mit Begriffen wie die Pole von Erfahrungsspannung und die Realität der Erfahrungsspannung im *metaxy* bezeichnet werden kann. Mit dem Terminus *Helle des Bewußtseins*, den ich mehr und mehr benütze, versuche ich den Zwischen-Charakter der Erfahrungen von der immanentistischen Sprache eines menschlichen Bewußtseins abzugrenzen, das als ein Subjekt einem Objekt gegenübergestellt wird.

Das Verständnis des Zwischen-Charakters des Bewußtseins und seiner Helle – welche als Helle nicht eines subjektiven Bewußtseins, sondern als Helle der Realität, die in die Erfahrung von beiden Seiten eingeht, zu verstehen ist – führt darüber hinaus zu einem besseren Verständnis des Problemes der Symbole: *Symbole* stellen das sprachliche Phänomen dar, das durch den Prozeß der partizipierenden Erfahrung hervorgebracht wird. Die sprachlichen Symbole, die eine Erfahrung ausdrücken, sind keine Erfindungen eines immanentistischen Bewußtseins, sondern im Prozeß der Partizipation selbst entstanden. Deshalb partizipiert die Sprache am *metaxy*-Charakter des Bewußtseins. Ein Symbol ist weder ein vom Menschen per Konvention festgelegtes Zeichen, das eine Realität außerhalb des Bewußtseins bezeichnet, noch ist es, wie in bestimmten theologischen Konstruktionen behauptet, ein Wort Gottes, das bequemerweise in die Sprache übersetzt worden ist, die der menschliche Adressat verstehen kann. Es ist vielmehr in der göttlich-menschlichen Begegnung entstanden und nimmt deswegen genauso an der göttlichen wie an der menschlichen Realität teil. Dies erscheint mir, zum gegenwärtigen Zeitpunkt zumindest, die beste Formulierung desjenigen Problems zu sein, das verschiedene Philosophen der Symbolisierung beschäftigt – das Problem, daß Symbole nicht einfach eine göttliche Realität außerhalb des Bewußtseins bezeichnen, sondern in gewissem Sinne die göttliche Präsenz selbst sind. Aber ich befürchte, daß ich die Einzelheiten dieser partizipierenden Philosophie der Symbolisierung noch nicht vollständig ausgearbeitet habe.

19

ORDNUNG UND UNORDNUNG

Oft wird nach der Bedeutung von *Ordnung* und *Unordnung* in meiner Analyse gefragt. Die Realität der Ordnung ist nicht meine Entdeckung. Ich spreche von der Ordnung in der Realität, die von der Menschheit seit der Zeit entdeckt worden ist, aus der die ersten schriftlichen Quellen überliefert sind. Und dieser Zeitpunkt der Entdeckung läßt sich mittlerweile noch weiter zurückdatieren, da wir nun die von Ärchäologen gefundenen Symbole aus der Zeit des Paläolithikums entschlüsseln können. Mit *Ordnung* ist die erfahrene Struktur der Realität sowie die Einstimmung des Menschen auf eine Ordnung gemeint, die nicht von ihm selbst geschaffen ist – d. h. der Kosmos. Diese Einsicht in die Struktur und ebenso in das Problem der Eingliederung oder Einstimmung ist, wie gesagt, schon in schriftlichen Quellen aus Ägypten aus der Zeit bis zurück ins 3. Jahrtausend enthalten. Aus derselben Epoche in Ägypten stammen die ersten literarischen Ausdrucksformen der Erfahrung von Ordnung und Unordnung: wie zum Beispiel die Entwicklung des radikalen Skeptizismus im Hinblick auf die kosmische Ordnung in einer Zeit, als Tag für Tag lebensbedrohliche Unordnung in den Straßen zu erleben war – wie beispielsweise in dem berühmten *Dialog eines Selbstmörders mit seiner Seele,* den ich in meiner Studie *Immortality: Experience and Symbol* [1967] untersuchte. Bei solchen Erfahrungen von sozialer und kosmischer Unordnung beschränkt sich Ordnung allein auf die eigene Person. Aber vielleicht existiert sie nicht einmal dort; solche Erfahrungen lösen bestimmte Extremzustände der Entfremdung aus, in denen dann der Tod als Befreiung aus einem Gefängnis oder als Genesung von der tödlichen Krankheit Leben erscheinen kann. Im Grunde hat sich an diesen elementaren Symbolen für Entfremdung seit dem 3. Jahrtausend vor Christus nichts geändert.

Die Kategorisierung dieser Erfahrungen von Unordnung erfolgte dagegen ziemlich spät. Der Begriff der Entfremdung *(allotriosis)* wurde, soweit ich weiß, zuerst von den Stoikern geschaffen und später von Plotin ausgiebig verwendet. In der Psychopathologie der Stoiker bedeutet *allotriosis* einen Zustand der Abkehr vom eigenen Selbst, das durch die Spannung zum göttlichen Grund der Existenz konstituiert wird. Insofern als der göttliche Grund der Existenz in der Philosophie der Klassik und der Stoa der *logos* oder die Quelle der Ordnung in dieser Welt ist, stellt die Abkehr vom eigenen Selbst, das durch diese ordnende Kraft entsteht, eine Abkehr von der Vernunft in der Existenz dar. Das Ergebnis ist dann, daß die Vernunft, die der Mensch trotz allem besitzt, darauf verwendet wird, das Leben im Zustand der Entfremdung zu rechtfertigen. So weit waren bereits die Stoiker in der Psychopathologie der Entfremdung vorgedrungen.

Die Kategorien der Stoiker können auf moderne Phänomene der Ideologie übertragen werden, in denen der Zustand der Entfremdung weitaus häufiger als der Zustand der Existenz in Spannung zum Grund als Erfahrungsbasis für das Verstehen der Realität genutzt wird. Die Systeme von Denkern wie Hegel sind Formen der Systematisierung eines Zustandes der Entfremdung; sie müssen notwendigerweise im Tod Gottes resultieren, nicht weil Gott tot ist, sondern weil die göttliche Vernunft in der egophanischen Revolte zurückgewiesen wird. Man kann nicht gegen Gott revoltieren, ohne gleichzeitig gegen die Vernunft zu revoltieren, und umgekehrt. Diese Interpretationen der Realität auf der Basis einer deformierten Existenz, welche nicht mehr offen gegen den Grund ist und deswegen die Erfahrung des Grundes aus jeglicher Betrachung der Realität ausklammern muß, hat einige typische Phänomene zur Folge.

Das wichtigste dieser Phänomene ist natürlich die Entwicklung von *Systemen.* Das System ist ein spezifisch modernes Phänomen, wenngleich seine Modernität verschleiert wurde durch ein Meinungsklima, in dem das System als Modus des Philosophierens für so absolut selbstverständlich gehalten wird, daß die Wirklichkeit nichtsystematischen Philosophierens ausgeblendet wurde. Platt und ohne nachzudenken wird von einem platonischen oder aristotelischen System oder von einem System des Thomas von Aquin gesprochen, trotz der Tatsache, daß diese Denker vor Entsetzen die

Hände über dem Kopf zusammen geschlagen hätten bei dem Gedanken, daß ihre empirische Erforschung der Realität jemals ein System ergeben könnte. Wenn für einen Denker wie Platon, der zwischen Erfahrungen des Seins und des Nicht-Seins zu unterscheiden und beide Formen zu schätzen wußte, jemals etwas klar war, dann die Tatsache, daß die Realität in jedem Falle kein System darstellt. Wenn jemand also ein System konstruiert, dann wird er notwendigerweise die Realität verfälschen. Eine der wichtigsten Forschungsaufgaben hinsichtlich der Politik in der Moderne wäre eine Bestandsaufnahme aller Phänomene von systematischer Verfälschung, weil sie in hohem Maße zur Unordnung in der Gegenwart beitragen. Natürlich ist der Widerstand gegen solche Untersuchungen groß, weil nämlich genau diejenigen, die sich daran zu beteiligen hätten, die Gruppe von Personen darstellen, die als erste ihr eigenes Denken in Systemen als Falsifikation der Realität aufzugeben hätten. Dazu sind sie natürlich nicht bereit. Trotzdem: Der Druck von seiten des stetig anwachsenden historischen Wissens, sowohl auf dem Gebiet der politischen Geschichte als auch der Geschichte der intellektuellen und geistigen Phänomene, wird allmählich so groß, daß man völlig zu recht voraussagen kann (den Fall ausgenommen, daß durch größere soziale Katastrophen eine totalitäre, die Realität als System deformierende Sekte an die Macht käme), daß die Tage der System-Denker und ihrer Unordnung stiftenden Verfälschung der Realität gezählt sind.

20

DER HINTERGRUND VON *ORDER AND HISTORY*

Meine *History of Political Ideas* setzte bei der konventionellen Annahme an, daß es Ideen gibt, daß diese Ideen eine Geschichte haben und daß eine Geschichte der politischen Ideen einen Bogen von der klassischen Politik bis hin zur Gegenwart schlagen muß. Von dieser Annahme ausgehend, arbeitete ich mich mühsam durch die Quellen hindurch, bis ich schließlich ein Manuskript von mehreren tausend Seiten vor mir liegen hatte.

Dennoch: Die verschiedenen Zweifel, die mir im Laufe der Arbeit gekommen waren, verdichteten sich zu der Erkenntnis, daß eine Geschichte der politischen Ideen ein sinnloses Unterfangen war, unvereinbar mit dem gegenwärtigen Stand der Wissenschaft. Die Geschichte der Ideen erwies sich als eine eher nebensächliche begriffliche Entwicklung, die bei den Stoikern eingesetzt hatte, im hohen Mittelalter stärker geworden war und sich seit dem 18. Jahrhundert extrem entfaltet hatte. Ideen verwandeln Symbole, welche Erfahrungen ausdrücken, in Begriffe. Und von ihnen denkt man, daß sie eine andere als die erfahrene Realität bezeichnen. Aber eine andere als die erfahrene Realität existiert nicht. Deswegen besteht bei Ideen die Gefahr, daß sie die Wahrheit der Erfahrungen und ihrer Symbolisierung deformieren.

Die Punkte, bei denen Zweifel kommen mußten, liegen auf der Hand. Zuallererst gibt es keine Kontinuität hinsichtlich der sogenannten Ideen der griechischen Philosophen vom 7. bis zum 4. Jahrhundert v. Chr. einerseits und der Werke der israelitischen Philosophen und der Offenbarung im Neuen Testament andererseits. Diese beiden Symbolisierungen berühren unterschiedliche Bereiche von Erfahrungen und sind historisch nicht miteinander verknüpft. Ferner, je weiter man den konventionellen Ursprung von Ideen zurückverfolgt, desto deutlicher wird, daß Symbolformen wie Mythos und Offenbarung beim besten Willen nicht als »Ideen« bezeichnet werden können. Man muß eine Vielfalt von Symbolformen akzeptieren. Zum Beispiel ist die Theogonie Hesiods nun einmal nicht eine Philosophie im aristotelischen Sinne, auch wenn die von Mythos und Philosophie ausgedrückte Struktur der Realität dieselbe ist – diese Identität erkannte bereits Aristoteles. Probleme entstanden, die ich durch Begriffe auszudrücken versuchte wie *kompakte* oder *Primär-Erfahrungen des Kosmos* und *Differenzierungen,* die zur Wahrheit der Existenz im hellenisch-klassischen, im israelitischen und im frühchristlichen Sinne führten. Um den entscheidenden Übergang von der kompakten zu der differenzierten Wahrheit in der Geschichte des Bewußtseins bezeichnen zu können, verwendete ich zu jener Zeit den Terminus *Seinssprung,* womit ich mich an Sören Kierkegaards *Sprung* anlehnte.

Mein Interesse verlagerte sich auf diese Weise von den Ideen zu den Erfahrungen der Realität, die sich in einer Reihe von Symbolen ausdrückten. Das bedeutete nicht, daß das Problem der Ideen nun einfach hinfällig wurde. Im Gegenteil, es war immer noch sehr präsent, aber ich kam nur nach und nach dahinter, was es eigentlich damit auf sich hatte. Ein wichtiger Punkt, der sich in einem Zeitraum von mehreren Jahren herauskristallisierte, war die Erkenntnis, daß die Transformation ursprünglicher Symbolisierungen von Erfahrungen eine Deformation der Realität zur Folge hatte, wenn der Kontakt mit der erfahrenen Realität verlorengegangen und der Gebrauch der Sprachsymbole, die die ursprünglichen Erfahrungen hervorgebracht hatten, zu einem mehr oder weniger leeren Spiel verkommen war. Auf einige der offenkundigsten Beispiele für diese Deformation stieß ich erst ziemlich spät – in den fünfziger und sechziger Jahren. Beispielsweise war ich mir nicht richtig bewußt, daß der Begriff *Metaphysik* kein griechischer Terminus, sondern eine arabische Deformation des griechischen Titels von Aristoteles' *meta ta physica* ist; daß Thomas von Aquin ihn von den Arabern übernahm und als erster in einer westlichen Sprache in seinem *Kommentar* zur *Metaphysik* des Aristoteles verwendete; und daß seitdem eine merkwürdige Wissenschaft existierte, die Metaphysik genannt wurde. Die nicht ganz unberechtigte Kritik an dieser doktrinären Metaphysik durch die Denker der Aufklärung und des frühen Positivismus berührte jedoch die Probleme, mit denen sich die klassische Philosophie auseinandergesetzt hatte, nicht. Die klassische Philosophie war damals noch nicht allzu bekannt und das ist auch heute noch so, da das Klischeewort *Metaphysik* zur magischen Formel geworden ist, mit der man jede philosophische Analyse im klassischen Sinne in ein merkwürdiges Licht rücken kann.

Ich mußte also die »Ideen« als Gegenstand meiner historischen Untersuchung aufgeben und dafür die Erfahrung der – persönlichen, sozialen, historischen, kosmischen – Wirklichkeit dagegensetzen als die Realität, die es historisch zu erforschen galt. Diese Erfahrungen konnten jedoch nur in der Analyse ihrer Artikulation in Symbolen untersucht werden. Die Bestimmung des zentralen Untersuchungsgegenstandes und damit auch der bei der Untersuchung anzuwendenden Methode führte mich zu dem Grundsatz, der für alle meine späteren Arbeiten wegweisend sein sollte: *Die Realität der Erfahrung ist selbst-interpretativ.* Die Menschen drücken ihre Erfahrungen in Form von Symbolen aus und die Symbole wiederum sind der Schlüssel zum Verständnis der ausgedrückten Erfahrungen. Es ist zum Beispiel unsinnig zu behaupten, daß die ägyptischen Priester, die die *Theologie von Memphis* schrieben, oder die mesopotamischen Priester, die die *sumerische Königsliste* anfertigten, nicht fähig gewesen sein sollen, ihre Erfahrungen klar auszudrücken. Sie hatten andere Probleme als ein Voltaire, Comte oder Hegel. Was in einem fortschreitenden Prozeß der Differenzierung erfahren und artikuliert wird, ist die Substanz der Geschichte. Meine Arbeit zur *History of Political Ideas* hatte ich nicht umsonst getan, denn ich hatte mich hierbei mit den historischen Quellen vertraut gemacht. Aber nun wurde die Neuordnung der Materialien unter dem Aspekt der Erfahrung und der Symbolisierung notwendig. So gab ich das Projekt einer *History of Political Ideas* auf und fing meine eigene Arbeit, *Order and History,* an.

Zu dieser Zeit erschien es mir notwendig, daß *Order and History* einsetzen müsse mit den Reichen Mesopotamien und Ägypten sowie ihrer kosmologischen Symbolisierung der persönlichen und der sozialen Ordnung. Vor diesem Hintergrund der kosmologischen imperialen Symbolisierung ereignete sich der Durchbruch der israelitischen Offenbarung. Nicht als Fortsetzung der pneumatischen Propheten, sondern unabhängig von ihnen kam es zum

Durchbruch des noetischen Denkens bei den griechischen Philosophen. Das Studium der Erfahrungen im Nahen Osten und in Israel bis in die Zeit Christi hinein füllte den ersten Band von *Order and History*, und die Entwicklung der entsprechenden griechischen Erfahrungen von den kosmologischen Anfängen bis hin zu den noetischen Differenzierungen waren Gegenstand des zweiten und des dritten Bandes. Nach meinem ursprünglichen Konzept sollten auf diese beiden Bände Studien über das Reich, den mittelalterlichen Imperialismus und Spiritualismus und über die weitere Entwicklung in der Moderne folgen.

Diese Pläne erwiesen sich jedoch als undurchführbar. Beträchtliche Teile waren zwar schon geschrieben, aber die Arbeit scheiterte an der Frage der zu veranschlagenden Anzahl an Bänden. Immer wieder stand ich vor dem Problem, daß ich, um zu theoretischen Ergebnissen zu gelangen, zunächst das Material, auf das sich meine theoretischen Ergebnisse als analytische Schlußfolgerungen gründeten, präsentieren mußte. Wenn ich dieses Konzept durchgezogen hätte, wären auf die ersten drei Bände nicht – wie geplant – noch einmal drei, sondern vielleicht sechs oder sieben gefolgt. Im allgemeinen kannten die Leser die Quellen nicht, die zu meinen theoretischen Erkenntnissen geführt hatten. So konnte ich meine Ergebnisse nicht ohne Quellen darlegen.

Deswegen entschied ich mich dazu, eine Reihe von Einzelstudien anzufertigen über bestimmte Probleme des frühen Christentums, der mytho-spekulativen Form der Historiogenesis, über den Übergang von der Historiogenesis zur Historiographie; über das Problem der Ökumene, wie es von Herodot, Polybios und den chinesischen Denkern entwickelt worden ist; über bestimmte theoretische Probleme der Moderne – etwa die Zauberei, die mit Hegels Systementwurf verbunden ist – und so weiter. Es erschien mir sinnvoller, zwei Bände mit diesen Einzelstudien zu veröffentlichen und so schneller zu theoretischen Ergebnissen zu gelangen als zahlreiche Bände mit der Exegese von Quellen zu füllen. Dies vor allem auch deswegen, weil das, was ich in den vierziger und fünfziger Jahren entdeckt hatte, mittlerweile auch von anderen erkannt worden war. Die historische Untersuchung von Problemen wie dem Gnostizismus, den Rollen vom Toten Meer, den Funden von Nag Hammadi, der Vorgeschichte von Pseudo-Dionysios, dem

Wiederaufblühen des Neuplatonismus in der Renaissance und dessen Einfluß auf die nachfolgende geistige Entwicklung im Westen bis hin zu Hegel hatte enorme Fortschritte gemacht, so daß ich mich auf eine große Zahl von Quellenstudien von anderen Wissenschaftlern beziehen konnte: Untersuchungen von Quellen, die in den vierziger und fünfziger Jahren, als ich *Order and History* das erste Mal konzipierte, der Öffentlichkeit noch nicht zugänglich waren. Auf diese Entwicklung ist ausdrücklich hinzuweisen, denn sie war zu der Zeit, als ich meine Arbeit anfing, noch nicht abzusehen. Wir leben heute in einer Zeit des Fortschritts auf dem Gebiet der historischen und der philosophischen Wissenschaften, der seinesgleichen in der Geschichte sucht.

Tatsächlich erwiesen sich aufgrund der rapiden Fortschritte in den historischen Wissenschaften, vor allem in der Vorgeschichte und der Archäologie, eine Reihe von theoretischen Positionen als obsolet, von denen ich zu Beginn meiner Arbeit an *Order and History* noch ausgegangen war. Als ich den ersten Band von *Order and History* schrieb, war mein Horizont noch auf die Reiche im Nahen Osten beschränkt. Ich setzte die kosmologische Symbolisierung, die ich hier vorfand, mit den imperialen Formen Mesopotamiens und Ägyptens gleich. Aufgrund unserer erweiterten Kenntnisse in der Prähistorie und der Archäologie kann ich nun sagen, daß praktisch alle Symbolformen, die im Nahen Osten auftauchen, eine Vorgeschichte haben, die durch das Neolithikum hindurch bis in das Paläolithikum zurückreicht und eine Periode von etwa 20000 Jahren vor den Reichen des Nahen Ostens umfaßt. Damit stellt sich das Problem, den generellen Untersuchungsgegenstand von seiner spezifischen imperialen Variante loszulösen; die kosmologische Symbolisierung auf der Ebene von Stammesgesellschaften, die in der Steinzeit existierten, muß analysiert werden; und dann gilt es, die *differentia specifica*, die mit der Gründung von Reichen wie etwa Ägypten auftauchen, genau zu beschreiben. Für eine solche Untersuchung habe ich Materialien gesammelt; ich hoffe, meine Ergebnisse irgendwann in der Zukunft veröffentlichen zu können.

Ein weiterer großer Fortschritt, der sich über Jahre hinweg anbahnte, konnte vor kurzem mit der 1966 erstmals eingesetzten Radiocarbonmethode erzielt werden. Die Vorstellung einer linearen Geschichte, die schon angesichts der parallel verlaufenden

Entwicklung im Nahen Osten, in China, Indien und in Hellas sehr fragwürdig war, bricht nun eindeutig zusammen, da jetzt beispielsweise die Tempelkulturen in Malta zeitlich weit vor die Epoche der Pyramiden in Ägypten datiert werden können. Eigenständige Zivilisationen in der Zeit des Neolithikums gehen der Ära der imperialen Gesellschaften in Mesopotamien und Ägypten voraus. Die Zahl von Entdeckungen dieser Art nimmt in solchem Maße zu, daß man nun mit Gewißheit sagen kann, daß die ältere Auffassung von einer unilinearen Geschichte, wie sie immer noch die vulgäre Ebene in Form epigonaler Entwürfe in der Nachfolge von Condorcet, Comte, Hegel und Marx bestimmt, endgültig veraltet ist. Die Geschichte der Menschheit ist mannigfaltig gewesen, weil die sich voneinander unterscheidenden Entwicklungen weit über die Erde verstreut waren. Das Feld der Geschichte kann als pluralistisch bezeichnet werden. Der Fortschritt oder die generelle Weiterentwicklung einer imaginären »Menschheit« hat sich aufgelöst in eine Vielfalt sich unterschiedlich voneinander entwickelnder Vorgänge, die sich zu verschiedenen Zeitpunkten und eigenständig in konkreten Menschen und Gesellschaften ereignen.

Die Möglichkeit zivilisatorischer Weiterentwicklung durch kulturelle Vermischung ist durch diese neuen Aspekte in der Geschichte keineswegs ausgeschlossen, aber sie muß in einer viel früheren Periode angenommen werden. Wie Carl Hentze mir in einer Unterhaltung einmal sagte: Wenn die Geschichte expliziter Artikulation von Erfahrungen vor 50 000 Jahren einsetzt, dann kann alles nur Erdenkliche in dieser Zeit geschehen sein; was an kulturellen Parallelen in der sogenannten historischen Periode nach 3 000 v. Chr. beobachtet werden kann, das muß vor dem riesigen Hintergrund sozialer Kontakte in diesen Zeitspannen gesehen werden. Um ein Beispiel zu geben: Wir verfügen mittlerweile über hervorragende Literatur über die polynesischen Kulturen, ihre Kunst und ihren Mythos. Was manchmal nicht beachtet wird, ist die Tatsache, daß die Polynesier nicht aus der Erde der polynesischen Inseln gesprossen sind, sondern vom asiatischen Festland aus einwanderten. Diese Wanderbewegung dürfte kaum vor dem 8. Jahrhundert v. Chr. eingesetzt haben. Vor dieser Zeit gehörten die Stämme, die wir heute polynesisch nennen, und andere Stammesentwicklungen, die in die Entstehung der chinesischen Zivilisation mündeten, demselbem Kulturraum an. Deswegen ist es nicht verwunderlich, daß es – wie wiederum Hentze feststellte – höchst interessante Ähnlichkeiten zwischen Ornamenten polynesischen Ursprunges und Ornamenten auf den Vasen der Shang-Dynastie gibt.

Aufgrund des großartigen Fortschritts in der Wissenschaft unserer Zeit sollte man sich jedoch nicht zu vorschnellen Erwartungen bezüglich des Endes der Ideologien und ihrer sozialen Wirksamkeit verleiten lassen. Der Widerstreit zwischen Wissenschaft und Ideologie hält sich zäh. Vielmehr wurden bestimmte ideologische Lehren in krassem Widerspruch zu den einfachen historischen Tatsachen entwickelt, die zu der damaligen Zeit insbesondere den ideologischen Denkern bekannt waren. Wenn Marx und Engels beispielsweise ihr *Kommunistisches Manifest* mit der These einleiten, daß alle Geschichte bisher eine Geschichte von Klassenkämpfen gewesen ist, dann reden sie glatten Unsinn, denn es gab daneben noch andere Kämpfe in der Geschichte, die auch Marx und Engels noch von der Schule her bekannt gewesen sein müßten und die eindeutig keine Klassenkämpfe waren: die persischen Kriege, die Feldzüge Alexanders, der Peloponnesische Krieg, die punischen Kriege, die Expansion des Römischen Reiches. Wenn Ideologen solche propagandistischen Thesen aufstellen und damit mehr als hundert Jahre überleben können, dann kann man nicht erwarten, daß die Erweiterung unserer historischen Kenntnisse durch die Wissenschaft gegen die korrupten Ideologen in unserer eigenen Zeit etwas ausrichten kann. Diese letzten Bemerkungen sollen nicht Ausdruck eines tiefen Pessimismus sein. Eine solche Stimmung würde eher in das 18. Jahrhundert passen und wäre somit heute etwas anachronistisch.

21

MEINE ARBEIT ALS LEHRER

Neben meiner wissenschaftlichen Arbeit, der ich mich widme, soweit es meine Kräfte zulassen, habe ich fünfzig Jahre lang als Lehrer gearbeitet. Meine ersten Erfahrungen auf diesem Gebiet machte ich am Gymnasium. Da wir arm waren, mußte ich mir mein Taschengeld als Tutor von Mitschülern verdienen, die Kinder von wohlhabenderen Eltern waren und deren Fleiß oder Intelligenz jedoch nicht dem Wohlstand des Elternhauses entsprach. Diesen Job machte ich bis zum Ende der Schule. Als ich anfing, an der Universität zu studieren, hatte ich das große Glück, einen Job als freier Assistent bei der Handelsvereinigung-Ost zu erlangen, einem österreichisch-ukrainischen Unternehmen, das infolge der Besatzung der Ukraine durch die europäischen Zentralmächte während des Ersten Weltkrieges entstanden war. Einer der Schüler, die ich betreute, war der Sohn des Generalsekretärs der Handelskammer in Wien. Dieser sorgte dafür, daß ich die Stelle bei der Handelsvereinigung bekam. Trotz der niedrigen Bezahlung war es mir allein durch diesen Job möglich, mein Studium fortzusetzen. Ziemlich bald nachdem ich in den Seminaren an der Universität Professoren kennengelernt hatte, eröffnete sich mir die Möglichkeit, einen Lehrauftrag mit einem sehr, sehr niedrigen Gehalt an der Volkshochschule Wien-Volksheim zu übernehmen. Diese Einrichtung war als Projekt zum Zwecke der Erwachsenenbildung gedacht und wurde von der sozialistischen Regierung der Stadt Wien gesponsert. Die Schüler der Volkshochschule waren die geistig aufgeweckteren und fleißigeren Radikalen aus dem Arbeitermilieu. Das »geistig aufgeweckter« muß ich betonen, denn die in dieser Hinsicht weniger regen Arbeiter, die am politischen Leben teilnahmen, wurden in den Kursen der Gewerkschaft unterrichtet. Die Volkhochschule war so etwas wie eine Universität für Arbeiter und für jüngere Leute aus der Mittelschicht.

In diesem Umfeld lernte ich das Diskutieren und Debattieren. Als ich die Stelle antrat, lagen meine drei Monate als Marxist im Sommer des Jahres 1919 schon lange zurück. Nun stand ich diesen ziemlich radikalen Sozialisten gegenüber, und wahrscheinlich waren die meisten von ihnen hartgesottene Kommunisten. Da ich die Fächer politische Wissenschaft und Ideengeschichte zu unterrichten hatte, entbrannten in meinen Stunden wilde Debatten, in denen ich nicht nachgeben konnte, sonst hätte ich meine Autorität verloren. Im Laufe dieser Jahre entstand zwischen den jungen Radikalen und mir eine dauerhafte, gute Beziehung, und als ich 1927 aus Amerika und Frankreich zurückkehrte, arbeitete ich als Lehrer weiter, bis ich 1938 von den Nationalsozialisten entlassen wurde. Wenngleich der Gegensatz zwischen den jungen Marxisten und mir bei meinen ersten Versuchen als an der Wissenschaft orientierter Dozent stets offen zutage trat, gestalteten sich die persönlichen Beziehungen bestens. Nach den Vorlesungen und Seminarstunden, abends nach neun Uhr, blieb die Gruppe zusammen und setzte ihre Diskussionen in einem der zahlreichen Caféhäuser in der Nachbarschaft fort. An eine Szene in den dreißiger Jahren erinnere ich mich noch: Nach einer wilden Debatte, die in völligem Streit endete, sagte einer dieser jungen Burschen, gar nicht so viel jünger als ich, mit Tränen in den Augen zu mir: »Und wenn wir an der Macht sind, müssen wir dich umbringen.«

Bei dieser kleinen Anekdote fällt mir noch eine andere Geschichte ein, die das soziale Klima im damaligen Österreich wiedergibt. Nach dem Erstarken der Sozialdemokraten im Jahre 1934 wurden einige Führer der Partei verhaftet und für eine gewisse Zeit – nicht sehr lange – ins Gefängnis geworfen. Einer von ihnen, der berühmte Max Adler, wurde jedoch nicht verhaftet. Dies war ein schwerer Schlag gegen sein Selbstwertgefühl, denn damit hatte die Regierung öffentlich bestätigt, was jeder wußte – daß Adler eine politisch völlig unbedeutende Figur war. Freunde von Adler, den ich selbst von der juristischen Fakultät her kannte, fragten mich, ob ich mit meinen gleichmäßig guten Beziehungen zu der anderen Seite nicht etwas unternehmen könne, damit Adler auch für eine gewisse Zeit verhaftet würde. Er sei so traurig und niedergeschlagen. Tatsächlich sprach ich auch mit einem meiner Kollegen, der ein hoher Beamter der Regierung und zugleich Dozent für

Verwaltungsrecht an der Universität war. Ich fragte ihn, ob die Regierung Adler nicht wenigstens für 48 Stunden verhaften und dann wieder freilassen könne, so wie es die Habeas-Corpus-Akte bestimme. Jener Kollege war sehr hilfsbereit und höflich. Er sagte, daß er Adlers Situation gut verstünde. Und da er und Adler ja auch Kollegen an derselben Fakultät seien, würde er Adler gerne, wo es nur gehe, behilflich sein, er befürchte jedoch, in diesem Fall könne keiner etwas ausrichten. Würde die Regierung Adler verhaften, würde sie sich selbst lächerlich machen, denn jeder wüßte, daß Adler unwichtig sei. Er könne ihm wirklich nicht helfen.

Meine guten Beziehungen zu den jungen Radikalen blieben bis in die Nazizeit hinein bestehen. Sie wurden in den dreißiger Jahren noch enger, denn jeder wußte, daß ich, wenn ich kein Kommunist, dann erst recht auch kein Nationalsozialist war. Als Hitler Österreich annektierte, konnte ich einigen der Marxisten mit Empfehlungsschreiben für ihre Flucht in sicherere Gegenden wie Schweden helfen. Meine Beziehungen zu den Studenten an der Universität Wien, wo ich 1929 als *Privatdozent* zu lehren anfing, waren im Gegensatz dazu voller Spannnung. Die Studenten dort gehörten der Mittelschicht an. Sie waren keine Arbeiter und die intellektuell aufgeweckteren waren in einem beträchtlichen Maß von dem in der Mittelschicht um sich greifenden Nationalsozialsozialismus sowie vom Antisemitismus beeinflußt. Es kam nicht zu offenen Konflikten, aber die Beziehung war nicht herzlich. Als die Nazis 1938 Österreich besetzten, konnte ich beobachten, daß eine beträchtliche Anzahl von Studenten, die noch einen Tag zuvor in meinem Seminar über Verwaltungsverfahren gesessen hatten, nun die schwarze Uniform der SS trugen.

Richtige Erfahrungen mit zentraleuropäischen Studenten, die mit meinen Eindrücken von den jungen Radikalen aus der Arbeiterschicht vergleichbar gewesen wären, habe ich erst als Professor in München in den Jahren 1958 bis 1969 gemacht. Ich wurde nach München gerufen, um dort ein bis dato nicht existentes Institut für Politikwissenschaft zu gründen. Dazu mußte ich zuallererst eine Reihe von Mitarbeitern finden, die mir beim Aufbau einer Bibliothek und der Betreuung der großen Zahl von Studenten, die in die Vorlesungen und Seminare strömten, helfen sollten. Nach den Anfängen mit einigen wenigen, völlig leeren Räumen, in die Regale gestellt werden mußten, welche wiederum mit Büchern zu füllen waren, entwickelte sich und prosperierte das Institut, bis ich 1969 wegging. Nach und nach formierte sich eine Gruppe von Studenten, die den anderen, die von der Politikwissenschaft angezogen worden waren, bei den Studien halfen. Diese ersten elf Jahre des Instituts müssen als außergewöhnlich erfolgreich betrachtet werden. Zuallererst ist da das Institut in seiner materiellen Ausstattung zu sehen. Es besaß eine erstklassige Bibliothek, einen Bestand, der die neuen Richtungen in den historischen Wissenschaften abdeckte – dies nicht nur in deutscher, sondern auch in englischer und französischer Sprache. Besondere Aufmerksamkeit wurde den Bereichen gewidmet, die für das Verständnis der westlichen Kultur grundlegend sind – also die klassische Philosophie, die jüdische und die christliche Religion; die Abteilungen »moderne Geschichte« und »moderne politische Ideen« mußten so schnell wie möglich auf den neuesten Stand gebracht werden. Und neue Entwicklungen auf dem Gebiet der Ur- und Frühgeschichte, des alten Nahen Ostens, Chinas, Indiens und Afrikas sowie neue archäologische Funde mußten berücksichtigt werden. Die Bibliothek wurde berühmt und von jungen Gelehrten anderer Wissenschaften intensiv genutzt, denn sie verfügte über den breitgefächertsten Literaturbestand auf dem Gebiet der zeitgenössischen Human- und Gesellschaftswissenschaften und deren Entwicklungen.

Auch die jungen Leute am Institut arbeiteten sehr gut, so daß wir begannen, Monographien zu veröffentlichen, in denen die am Institut entstandenen Arbeiten und Untersuchungen vorgestellt wurden. Die wichtigste Reihe ist die vom Münchner List Verlag gedruckte *Schriftenreihe zur Politik und Geschichte,* die mittlerweile über zehn Bände umfaßt. Um die Spannweite der hierin bearbeiteten Gebiete und Bereiche aufzuzeigen, möchte ich die Arbeit von Peter Weber-Schäfer über die chinesische Oikumene, von Peter J. Opitz über Lao-tzu und von Peter von Sivers über die politischen Theorien von Ibn-Khaldun erwähnen. Außerdem wurden Studien veröffentlicht, die sich mit der Geistesgeschichte des Abendlandes im 18. und 19. Jahrhundert beschäftigten, eine Monographie von Manfred Henningsen über Toynbees *A Study of History,* von Michael Naumann über Karl Kraus, von Eckard Kolberg über Ferdinand Lassalle, von Hedda Herwig über Freud und Jung, von Tilo Schabert über die

Symbolik von Natur und Revolution im Frankreich des 18. Jahrhunderts und von Dagmar Herwig über Robert Musil. Aus diesen Jahren datiert auch das Werk von Professor Ellis Sandoz über Dostojewskij. Das Buch, das 1971 veröffentlicht wurde, kam zunächst als Dissertation in München heraus. Im Laufe der zehn Jahre wurde die erste Generation von Studenten allmählich älter und schließlich selbständig. Drei von ihnen – Peter J. Opitz, Manfred Henningsen und Jürgen Gebhardt – wurden die hochaktiven Herausgeber der Reihe *Geschichte des politischen Denkens,* in der bis jetzt etwa elf Bände erschienen sind. Peter J. Opitz gab auch einen Sammelband von Essais über die chinesische Revolution von der Mitte des 19. Jahrhunderts bis zur kommunistischen Bewegung heraus. Andere, die später und aus anderen wissenschaftlichen Disziplinen an das Institut kamen, fertigten ebenfalls interessante neue Arbeiten an. Da ist zum Beispiel Klaus Vondung mit seinem Werk *Magie und Manipulation.* Die älteren unter den jüngeren Leuten, die mit mir zu arbeiten anfingen, sind nun mittlerweile selbst Professoren oder stehen kurz vor der Habilitation. Diese Gruppe von Wissenschaftlern ist mit ihren Arbeiten zu einem festen Bestandteil der deutschen intellektuellen Szene geworden – obwohl nicht gerade behauptet werden kann, daß dieser Kreis und seine Leistungen von den Ideologen besonders geliebt werden, egal ob links oder rechts.

Ich werde oft danach gefragt, worin meiner Erfahrung nach die Unterschiede zwischen den amerikanischen und den europäischen Studenten liegen. Es gibt deutliche Unterschiede, aber sie sind nicht so signifikant, daß ich sagen könnte, die eine Sorte von Studenten sei der anderen vorzuziehen. Beide haben ihre Eigenheiten. Bei den Deutschen bemerkte ich einen hohen Grad an Hintergrundwissen, was ihnen half, das Ziel selbständigen wissenschaftlichen Arbeitens zügig zu erreichen. Diejenigen, die ich in meine Seminare aufnahm und insbesondere die, die Assistenten wurden und ihre eigenen Seminare leiteten, hatten Kenntnisse zumindest in einer klassischen Sprache, und selbstverständlich waren sie in der Lage, Deutsch, Englisch und Französisch flüssig zu lesen. Einige von ihnen besaßen zusätzliche Sprachkenntnisse ihren Fachgebieten entsprechend. Die Islamisten beispielsweise mußten nach der Studienordnung gute Kenntnisse in Arabisch und Türkisch besitzen; die Studenten, die sich mit dem Fernen Osten beschäftigten, hatten neben den westlichen Sprachen Chinesisch und Japanisch zu können. Diese Anforderungen sorgten dafür, daß eine Gruppe von hochgebildeten, intellektuell regen jungen Leuten entstand, die sich trotz des harten wissenschaftlichen Wettbewerbs untereinander half. Eines ihrer Lieblingsspiele war natürlich, irgendeinen technischen Fehler bei mir zu entdecken – leider konnte ich ihnen diese Freude jedoch nur selten machen.

Meine amerikanischen Studenten waren sehr unterschiedlich. In Louisiana besaßen sie einen bemerkenswerten kulturellen Hintergrund aufgrund der Ausbildung an den katholischen Gemeindeschulen. In meinen Veranstaltungen an der LSU saßen Studenten, die Latein konnten und bei dem katholischen Kaplan Seminare über die Philosophie des Thomas von Aquin besuchten. Dies war natürlich von Vorteil. Aber der durchschnittliche Student besaß nicht das Hintergrundwissen, das man von europäischen Studenten erwartet. Dafür zeichneten sie sich durch etwas aus, was den europäischen, insbesondere den deutschen Studenten gewöhnlicherweise fehlt – ein Bewußtsein für die Tradition des common sense. Vor allem im Süden war das Problem der ideologischen Verirrung unter den jungen Leuten marginal. Die Studenten waren aufgeschlossen und besaßen nur wenig Kontakt mit ideologischen sektiererischen Bewegungen. Die Erfahrungen im Osten waren dagegen weniger angenehm. Die ideologische Korruption an der Ostküste hat die Studenten dort zutiefst durchdrungen, und gelegentlich zeigen die Studenten die typischen Verhaltensweisen totalitaristischer Aggressivität. Eine große Zahl von Studenten ist einfach nicht bereit, Informationen zu akzeptieren, die nicht mit ihren ideologischen Vorurteilen übereinstimmen. Ich hatte häufig Schwierigkeiten mit Studenten dieser Art. Alles in allem kommt man aber auch mit den sogenannten radikalen Studenten, außer den hartgesottenen Militanten, zurecht, wenn man sie mit Bergen von Information überhäuft. Auch sie haben immer noch genügend Menschenverstand, um zu erkennen, daß ihre eigenen Ideen in irgendeinem Zusammenhang mit der sie umgebenden Realität stehen müssen; und wenn sie bemerkt haben, daß ihr Bild von der Wirklichkeit arg verzerrt ist, bekehren sie sich zwar nicht, fangen aber zumindest an, sich eigene Gedanken zu machen. Dasselbe kann ich von den radikalen Studenten in Deutschland nicht sagen. Sie beginnen einfach zu schreien und zu randalieren, wenn ein ernsthafter Versuch gemacht wird, Tatsachen zu erörtern, die nicht mit ihren Vorurteilen vereinbar sind.

In den Jahren in Louisiana erhielten meine Frau und ich die amerikanische Staatsbürgerschaft. Dazu gibt es eine amüsante Geschichte. Das für die Einwanderungsverfahren zuständige Justizministerium hatte eine kleine Broschüre herausgegeben mit den grundlegenden Fragen, die gestellt werden konnten, und den Antworten, die man darauf zu geben hatte. Bei der Lektüre durfte ich feststellen, daß das Justizministerium, trotz Roosewelt und Krieg, immer noch ziemlich konservativ war – die amerikanische Staatsform war eine *Republik;* wenn man gesagt hätte, Amerika sei eine Demokratie, hätte man falsch geantwortet. Ich glaube, diese Broschüren sind nun ausgetauscht worden.

Was meine Position innerhalb der Fakultät an der Louisiana University anbelangt, so stieg ich vom außerordentlichen zum ordentlichen Professor auf, und schließlich wurde ich zusammen mit T. Harry Williams einer der ersten Boyd-Professoren. Die Universität schuf diese Professuren, um denjenigen Dozenten höhere Gehälter zahlen zu können, deren Dienste sie sich erhalten wollte. Dennoch sagte ich nicht Nein, als ich in der zweiten Hälfte der fünfziger Jahre einen Ruf nach München erhielt. Dafür gab es mehrere Gründe. Erstens konnte ich dort ein eigenes Institut einrichten und junge Akademiker ausbilden, die schließlich mein Werk fortsetzen würden. Zweitens war das Gehalt, das München mir bot, höher als das in Louisiana. Drittens hatten alte Freunde wie der Historiker und Philosoph Alois Dempf sich stark dafür verwendet, mich nach München zu bekommen. Und ich hatte überhaupt nichts dagegen, in dieses mir sehr geistesverwandte intellektuelle und spirituelle Millieu einzutreten. Außerdem wäre es auch für Deutschland gut, wenn der Geist der amerikanischen Demokratie an der Universität vertreten wäre.

Was den zuletzt genannten Aspekt anbelangt, gestaltete sich mein Anfang etwas schwierig: Die deutschen Studenten waren es nicht gewohnt, so frei zu sprechen wie die amerikanischen. Auch jene, die meine Assistenten wurden, mußten energisch zu einem unabhängigen Verhalten hingeführt werden. Dies war freilich etwas ganz anderes als die sehr untergeordnete Position, in der viele Assistenten von Professoren der alten Art gehalten werden. Ein nicht unerheblicher Pluspunkt des Instituts war, daß sich die hier arbeitende Gruppe junger Leute in dem Verhalten, das ich sie lehrte, sehr stark von den Gepflogenheiten an den anderen Instituten Münchens unterschied. Dennoch glaube ich, daß der Gedanke, der deutschen Politikwissenschaft einen Hauch von internationalem Bewußtsein, von demokratischen Verhaltensweisen zu vermitteln, alles in allem nur bei den jungen Leuten, die ich persönlich ausbilden konnte, zum Tragen gekommen ist. Wie ich später in meiner Vorlesung über die deutsche Universität (1966; englisch 1985) ausführte, war der durch den Nationalsozialismus entstandene Schaden enorm. Was man die akademische Oberschicht nennen könnte, war einfach liquidiert, zum Teil direkt durch Mord. Der Typus von Professor, den ich 1929 in Heidelberg erlebt hatte, war einfach verschwunden, ohne daß eine jüngere Generation nachgerückt wäre, die von den älteren Professoren ausgebildet worden wäre. Die akademische Mittel- und Unterschicht dagegen hat in großer Zahl überlebt, und sie trägt nun im wesentlichen zu der Mittelmäßigkeit und Beschränktheit des allgemeinen Klimas an deutschen Universitäten bei. Die Nachwirkungen des Nationalsozialismus sind in der gegenwärtigen Zerstörung der deutschen Universität durch das Hereinbrechen des Pöbels von unten deutlich zu spüren. Diesem vermag die Universität nicht wirksam zu begegnen, denn die Autorität der großen Gelehrten in den Universitäten ist mit jenen gemeinsam verschwunden. Die Zukunftsaussichten erscheinen mir deshalb als sehr ungewiß.

Mit ungewissen Aussichten meine ich, daß der aktive Betrieb an den Universitäten, insbesondere in den Sozial- und Humanwissenschaften, durch die berühmte Demokratisierung weitgehend lahmgelegt worden ist. Insbesondere an die partizipierende Demokratie ist hier zu denken, die ja nichts anderes bedeutet, als daß es keinem vergönnt ist, in Frieden seiner Arbeit nachzugehen. In Berlin beispielsweise verbieten die marxistischen Studenten einfach jedem, der nicht Marxist ist, seinen Mund aufzumachen. Ich habe gehört, daß ähnliche Verhältnisse in Städten wie Marburg herrschen. München ist glücklicherweise von den schlimmsten Auswirkungen verschont geblieben, zum Teil weil mein Institut ein Pfeiler nichtideologischer Wissenschaft war. Ich möchte dies betonen, denn manchmal wird der Einfluß, den ein Professor haben kann, unterschätzt. Nicht, indem er seinen Einfluß geltend macht, sondern indem er Jahr für Jahr in seinen Kursen und Seminaren zwei oder drei Jahrgänge von Studenten unterrichtet, die dann eine wirksame Kraft gegen Ideologen unter den anderen Studenten bilden. Der Einfluß eines Professors wird natürlich geringer, wenn er keine energische Haltung an den Tag legt. Oder wenn die Zahl der Dozenten zu schnell erhöht wird, so daß das Institut von mittelmäßigen Akademikern dominiert wird, welche den radikalen Studenten in Streitgesprächen keinen wirklichen Widerpart leisten können.

22

WOZU PHILOSOPHIEREN? UM DIE REALITÄT ZURÜCKZUGEWINNEN!

Die Motive für mein Werk, das seinen Höhepunkt in einer Philosophie der Geschichte findet, sind schnell genannt. Sie sind aus der politischen Situation heraus entstanden. Jeder über auch nur ein Quentchen Bildung und Verstand verfügende Mensch, der wie ich die Zeit nach dem Ersten Weltkrieg im 20. Jahrhundert erlebt hat, erkennt, daß er umgeben, ja geradezu bedrängt ist von einer Flut ideologischer Sprache, d. h. von sprachlichen Symbolen, die als Begriffe deklariert werden, die in Wirklichkeit jedoch nichtanalysierte *topoi* oder Themen sind. Darüber hinaus ist jeder, der diesem vorherrschenden Meinungsklima ausgesetzt ist, mit dem Problem konfrontiert, daß Sprache ein soziales Phänomen ist. Er kann den Vertretern der ideologischen Sprache nicht als Diskussionspartner gegenübertreten, sondern muß sie als Gegenstand seiner Untersuchungen betrachten. Es gibt keine Sprachgemeinschaft mit den Anhängern der vorherrschenden Ideologien. Deswegen muß die Sprachgemeinschaft, der der Forscher zur Kritik der Verwender der ideologischen Sprache benützen will, erst entdeckt oder, wenn notwendig, geschaffen werden.

Diese eigentümliche Situation ist nicht allein das Schicksal des Philosophen im 20. Jahrhundert. Mehr als einmal in der Geschichte wurde die Sprache in einem solchen Maße ausgehöhlt und verdorben, daß sie nicht mehr länger die Wahrheit der Existenz auszudrücken vermochte. Vor diese Situation war beispielsweise Sir Francis Bacon gestellt, als er sein *Novum Organum* schrieb. Bacon klassifizierte die unanalysierten Begriffe seiner Zeit als »Idole«: die Idole der Höhle, die Idole des Marktplatzes, die Idole pseudotheoretischer Spekulation. Im Widerstand zur Dominanz der Idole – *d. h.* zu den Sprachsymbolen, die ihren Kontakt zur Realität verloren haben –

muß man sowohl die Erfahrungen der Realität, als auch die Sprache, die diese angemessen ausdrückt, wiederentdecken. Die Situation heute stellt sich nicht viel anders dar. Man muß nur an das Kapitel 31, »Idole des Marktplatzes«, in Alexander Solschenizyns *Krebsstation* denken, um die Kontinuität des Problems zu erkennen. Solschenizyn mußte auf Bacon und seine Idolenlehre zurückgreifen, um die Realität der Vernunft in der eigenen Existenz gegen die Übermacht des kommunistischen Dogmas verteidigen zu können. Ich weise gerne auf den Fall von Solschenizyn hin, weil er nicht nur aufgrund seiner Sensibilität für das Problem, sondern auch aufgrund seiner durch die Bezugnahme auf Bacon erwiesene Kompetenz als Philosoph ein Vorbild darstellt, das, wenn es Beachtung fände, das intellektuelle Klima an unseren Universitäten und Schulen grundlegend verändern könnte. In Anbetracht des vorherrschenden Klimas in den Sozialwissenschaften ist die Situation des Philosophen in Amerika der Lage Solschenizyns im sowjetischen Schriftstellerverband sehr ähnlich – mit dem wichtigen Unterschied, daß unser sowjetischer Schrifstellerverband nicht staatliche Macht einsetzen kann, um Gelehrte zu unterdrücken. Deshalb gibt es im Westen immer noch Enklaven, in denen die Wissenschaft fortzuexistieren und sogar aufzublühen vermag, trotz des intellektuellen Terrorismus durch Einrichtungen wie die Massenmedien, Universitätsverwaltungen, Stiftungen und kommerziellen Verlage.

Vor eine mit der Gegenwart vergleichbare Situation sah sich Platon zu Beginn seiner Arbeit gestellt. Die konventionelle Platon-Interpretation hat praktisch außer acht gelassen, daß die zentralen Begriffe Platons dichotomisch sind. Der Terminus *Philosophie* steht nicht für sich allein, sondern gewinnt seine Bedeutung durch den Gegensatz zur vorherrschenden Philodoxie. Fragen der Gerechtigkeit werden nicht abstrakt, sondern in Auseinandersetzung mit falschen Konzeptionen von Gerechtigkeit entwickelt, die vielmehr die herrschende Ungerechtigkeit in der Umgebung widerspiegeln. Die Persönlichkeit des Philosophen selbst erhält ihre spezifische Bedeutung durch ihren Gegensatz zur Person des Sophisten, der sich zum Zwecke des sozialen Aufstiegs und des materiellen Profits in falschen Konstruktionen der Realität ergeht.

Dies ist die Situation, in der der Philosoph seinesgleichen in einer Gemeinschaft suchen muß, welche Gegenwart und Vergangenheit umfaßt. Obwohl die ideologischen Meinungen das Klima bestimmen, gibt es immer auch – selbst in unserer Gesellschaft – eine große Gemeinschaft von Gelehrten, die nicht den Kontakt zur Realität verloren haben, und von Denkern, die sich bemühen, den Kontakt aufrechtzuerhalten, den sie zu verlieren drohen. Ein typisches Phänomen im 20. Jahrhundert ist der Ausbruch von geistig starken Persönlichkeiten aus den vorherrschenden intellektuellen Kreisen, um die verlorene Realität wiederzugewinnen. Berühmte Beispiele sind in England George Orwell, in Paris Albert Camus und in Deutschland Thomas Mann, der mit seinem gigantischen Werk das ideologische Klima der Wilhelminischen Periode und der Weimarer Republik zu durchbrechen versuchte. Höhepunkt seines Schaffens ist seine große Philosophie der Geschichte in der Einleitung des Josephsromans.

Das bedeutendste Mittel bei der Wiederherstellung des Kontaktes zur Realität ist die Hinwendung zu Denkern aus der Vergangenheit, die noch nicht die Realität verloren hatten oder sich darum bemühten, sie wiederzuerlangen. Die Frage, wo man anfangen soll, hängt oft von biographischen Zufällen ab. Ein Mann wie Camus mußte auf den Mythos zurückgreifen, der ihm durch Erziehung und Kindheit in Nordafrika zeit seines Lebens vertraut war. Ein ähnlicher Bezug auf den Mythos sowie auf die israelitische Offenbarung ist im Werk Thomas Manns zu entdecken. In seinem Fall läßt sich auch erkennen, woher die direkte Unterstützung bei diesem Versuch herkam – aus der persönlichen Beziehung zu Karl Kerényi. Allgemein läßt sich sagen, daß die Reservoire der Realität in unserer Gesellschaft in jenen Wissenschaften zu finden sind, welche sich mit intakten Erfahrungen und Symbolisierungen der Realität auseinandersetzen, auch wenn die Wissenschaften selbst durch den Einfluß des ideologischen Klimas schwer geschädigt worden sind.

Was meine eigene Erfahrung anbelangt, sind solche Bereiche etwa die klassische Philosophie und die Arbeiten von Altphilologen wie Paul Friedländer, Werner Jäger, E. R. Dodds oder Bruno Snell. Daneben sind die Philosophie der Patristik und der Scholastik sowie die Arbeiten von zeitgenössischen Vertretern wie Étienne Gilson und Henri de Lubac zu nennen. Ein dritter Bereich ist die Geschichte des alten Nahen Ostens. Ich habe bereits auf meine Beeinflussung durch das Oriental Institute in Chicago und den großen Fortschritt bei der Erforschung der alten Geschichte während der letzten dreißig Jahre hingewiesen. Ein weiterer Bereich ist die vergleichende Religionsgeschichte; hier gilt es, nochmals auf die Einflüsse von seiten der Forscher auf dem Gebiet des Gnostizismus und allgemein der frühen vergleichenden Religionsgeschichte, beispielsweise Mircea Eliade, Puech und Quispel, hinzuweisen. Jüngeren Datums ist die Erforschung früherer Symbolformen, die bis ins Paläolithikum zurückreichen.

Bei Gelegenheit habe ich auf das sonderbare soziale Phänomen hingewiesen, daß an unseren Universitäten vereinzelt Gelehrte anzutreffen sind, die die Erforschung der steinzeitlichen Symbolisierungen, der neolithischen, der antiken oder der klassischen chinesischen und hinduistischen Zivilisationen als einen Weg betrachten, einen geistigen Grund wiederzuentdecken, den sie in unseren Universitäten und Kirchen bei ihrem derzeitigen Niveau nicht finden. Dieses soziale Phänomen ist immer noch viel zuwenig erforscht, aber seine Bedeutung kann ich bestätigen aus eigener persönlicher Erfahrung. Als Student fand ich mich umgeben vom intellektuellen Klima der neokantianischen Methodologie. Für den Kreis der Reinen Rechtslehre in Wien galt ein Philosoph als Wissenschaftler, der seine Methodologie auf Kant stützte; ein Historiker war jemand, der alle Bücher, die vor Kant geschrieben worden waren, las. Deswegen wurde mein Interesse an klassischer Philosophie, das sich bereits zu jener Zeit abzeichnete, von meinen Kollegen als historisches Interesse und als ein Versuch der Flucht vor der wahren Philosophie, wie sie durch die neokantianschen Denker vertreten wurde, interpretiert. Diese Schwierigkeit, eine Gemeinschaft neu zu gründen, die große Denker der Vergangenheit einschließt, erinnert an Macchiavellis berühmten Brief an seinen Freund Francesco Vettori vom 10. Dezember 1513: Macchiavelli schildert hierin den Ablauf seiner Tage, wie er nur wenigen Tätigkeiten in der merkwürdigen ländlichen Gesellschaft von San Casciano nachgeht und wie er aber, wenn der Abend kommt, sich seine Festtagsgewänder anzieht, in sein Arbeitszimmer geht, um dort in der Gemeinschaft der antiken Denker gepflegten Umgang und Konversation zu führen.

Die Wiedergewinnung der Realität vor dem Hintergrund ihrer allgegenwärtigen Deformierung erfordert beträchtliche Anstrengungen. Man muß die fundamentalen Kategorien der Existenz, der Erfahrung, des Bewußtseins und der Realität wieder neu entwickeln. Gleichzeitig sind Technik und Struktur jener Deformationen zu erforschen, die den Alltag charakterisieren; und man muß die Begriffe entwickeln, anhand derer die existentielle Deformation und ihr symbolischer Ausdruck kategorisiert werden können. Diese Arbeit schließlich muß ausgeführt werden in Opposition nicht nur zu den deformierten Ideologien, sondern auch zu den Deformationen der Realität durch Denker, die eigentlich ihre Bewahrer sein sollten, wie zum Beispiel Theologen.

Bei dem Versuch, seinen Weg durch das Wirrwarr der zerstörten Sprache hin zur Realität und einem adäquaten sprachlichen Ausdruck zu finden, kristallisieren sich einige Regeln heraus, die unseren zeitgenössischen Intellektuellen nicht immer gefallen. Oberste methodologische und vielleicht wichtigste Regel für mich ist, auf die Erfahrungen zurückzugehen, welche Symbole hervorbringen. Kein sprachliches Symbol kann heute einfach bona fide als Symbol akzeptiert werden. Dazu ist die Korruption der Sprache zu weit fortgeschritten. Alles ist suspekt. Im Laufe meiner Studien entdeckte ich, daß ich die Bedeutung von *Philosophie* als einem von den klassischen Philosophen geschaffenen Symbol herauszufinden hatte. Dies hatte auf der Grundlage der entsprechenden Texte zu geschehen. Wandlungen in der Bedeutung, so wie sie dieses Symbol durchgemacht hatte, mußten vorsichtig bestimmt werden, indem man sie zu der ursprünglichen Bedeutung in Beziehung setzte. Nur auf der Basis solcher vergleichenden Studien ist man in der Lage zu beurteilen, ob der Bedeutungswandel gerechtfertigt ist (weil er einige Aspekte der Realität berücksichtigt, die von der ursprünglichen Bedeutung nicht abgedeckt waren) oder ob er ungerechtfertigt ist (weil Elemente der Realität ausgeklammert wurden, um einen neuen, unzureichenden Begriff zu schaffen).

Dieses Vorgehen bei analytischen Untersuchungen ruft oft – ich habe es in Diskussionen selbst erfahren – die Kritik von Intellektuellen hervor. Sie beharren auf dem Recht, Wörtern jede x-beliebige Bedeutung geben zu können. Daß Wörter aufgrund der historischen Tatsache, daß sie nicht einfach so in einer Sprache vorkommen, sondern von Denkern zur Artikulation ihrer Erfahrungen geschaffen werden, einen festen Bedeutungskern besitzen, wird vehement zurückgewiesen. Diese Intellektuellen bevorzugen, was ich als Humpty-Dumpty-Philosophie der Sprache zu bezeichnen pflege: die Bestimmung der Bedeutung von Wörtern ist ein Kraftakt intellektueller Macht und muß nicht einer kritischen Prüfung unterzogen werden.

Von beträchtlicher Hilfe bei dem Versuch, die Prozesse der Deformation zu verstehen, waren die Beobachtungen der großen österreichischen Schriftsteller, insbesondere Albert Paris Güterslohs, Robert Musils und Heimito von Doderers. Sie prägten den Begriff *zweite Realität,* um die Auffassung von Realität zu beschreiben, die Menschen in einem Zustand der Entfremdung entwickeln. Oberstes Merkmal dieses Entfremdungszustands, der durch die von der Erfahrung der Realität klar zu unterscheidenden Phantasiewelten der zweiten Realität aufrechterhalten wird, ist das, was Doderer die *Apperzeptionsverweigerung* nannte. Der Begriff tritt in der Erzählung *Die Dämonen* auf, und ich freue mich jedesmal darüber, daß Doderer ihn bei der Erörterung bestimmter sexueller Verirrungen einführte. Formal wird der Begriff *Apperzeptionsverweigerung* in der Vorbemerkung zu dem Kapitel »Die dicken Damen« entwickelt. Es geht um dicke Damen, für die einer der Helden eine besondere Vorliebe hat.

Die Weigerung der Apperzeption ist für mich zu einem der zentralen Begriffe im Verständnis ideologischer Verirrungen und Deformationen geworden. Sie tritt in verschiedenen Varianten in Erscheinung, von denen die historisch interessanteste das formale Frageverbot ist, so wie es Comte und Marx forderten. Wenn jemand die ideologische Doktrin durch Fragen nach dem göttlichen Grund der Realität in Frage stellt, so wird er von Comte darüber aufgeklärt, daß er keine eitlen Fragen (»questions oiseuses«) stellen soll, und von Marx bekommt er zu hören, daß er schweigen und ein »sozialistischer Mensch« werden soll (»Denke nicht, frage mich nicht«).

Diese Haltung – Fragen bezüglich der eigenen Prämissen nicht zuzulassen, Fragen, die sofort das System zum Einsturz bringen würden – stellt die generelle Taktik dar, mit der Ideologen Diskussionen führen. In den zahlreichen Gesprächen beispielsweise mit Hegelianern bin ich regelmäßig an dem Punkt angelangt, wo es galt, die Prämissen der entfremdeten Existenz in Frage zu stellen, die Hegels Gedankengebäude zugrundeliegen. Jedesmal, wenn dieser Punkt erreicht ist, werde ich von dem betreffenden Hegelianer darüber aufgeklärt, daß ich Hegel nicht verstehe und daß ich ihn auch nur verstehen könne, wenn ich seine Prämissen akzeptiere, ohne sie in Frage zu stellen. Begreift man das Frageverbot als wichtigste Strategie in allen ideologisch geführten Debatten, dann hat man zumindest ein wichtiges Kriterium zur Diagnose von Ideologien ermittelt: der Zweck der Diagnose besteht darin, zu bestimmen, welcher Teil der Realität ausgespart wurde, damit die Konstruktion eines trügerischen Systems möglich wird. Welcher Bereich der Realität ausgeklammert wird, kann sehr unterschiedlich sein, stets muß jedoch die Erfahrung der Spannung des Menschen zum göttlichen Grund ausgeklammert werden.

Hat man erst einmal erkannt, daß die Erfahrung der existentiellen Spannung die entscheidende Erfahrung ist, die ein Ideologe auszuklammern hat, wenn er seine eigene Entfremdung zum obligatorischen Zustand für jedermann erheben will, dann rückt das Problem des Bewußtseins dieser Spannung ins Zentrum der philosophischen Reflexion. Das Verstehen sowohl der klassischen als auch der christlichen Philosophie sowie der ideologischen Deformierungen der Existenz setzen das Verstehen des Bewußtseins in der Fülle seiner Dimensionen voraus. Charakteristisch für das, was man »moderne Auffassung des Bewußtseins« nennen könnte, ist die Anlehnung an das Modell der Sinneswahrnehmung von Objekten der äußeren Realität. Diese Beschränkung der Auffassung vom Bewußtsein auf die Wahrnehmung von Gegenständen der äußeren Realität wird im 19. Jahrhundert zum mehr oder weniger versteckten Kunstgriff beim Entwurf von Systemen. Selbst im Herzstück der Hegel'schen Philosophie, in der *Phänomenologie,* läßt sich feststellen, daß er mit der Sinneswahrnehmumg beginnt und auf dieser Basis alle komplizierteren Strukturen des Bewußtseins entwickelt. Der Fall ist bemerkenswert, weil Hegel einer der größten Kenner der Philosophiegeschichte war; selbstverständlich wußte er, daß die Primärerfahrungen des Bewußtseins, wie sie in den Arbeiten der klassischen Philosophen beschrieben werden, nichts mit Sinneswahrnehmungen zu tun haben, sondern mit der Erfahrung von Strukturen (beispielsweise mathematischer Strukturen) sowie mit der Erfahrung des Hinwendens zum göttlichen Grund der Existenz, was durch das Ziehen eben dieses Grundes ausgelöst wird.

Ich habe nicht den geringsten Zweifel daran, daß ein Mann mit so großem historischen Wissen wie Hegel absichtlich die unmittelbaren Erfahrungen des Bewußtseins ignorierte und sie durch die hochabstrakten, historisch sehr späten Modelle der Wahrnehmung von Objekten in der externen Welt ersetzte, um ein System glaubwürdig zu machen, das nur den eigenen Zustand der Entfremdung zum Ausdruck bringt. Mir ist keine Stelle bei Hegel bekannt, an der er über die eigene Technik des Betruges reflektierte. Diese Technik wurde jedoch deutlich im Werk von Marx, und zwar in den Pariser Manuskripten von 1844.

Wenn die Erfahrung von Objekten in der äußeren Welt zur allgemeinen Struktur des Bewußtseins verabsolutiert wird, dann werden automatisch alle geistigen und intellektuellen Phänomene ausgeklammert, die mit den Erfahrungen des göttlichen Grunds verknüpft sind. Da sie jedoch nicht völlig negiert werden können – da sie trotz allem die Geschichte des Menschen ausmachen –, müssen sie zu Aussagen über eine transzendente Realität verformt werden. Diese Deformation der von den Philosophen und Propheten geschaffenen Symbole stellt eines der entscheidendsten Phänomene in der Geschichte der Menschheit dar. In der scholastischen Philosophie stoßen wir bis bereits auf einen hohen Grad an Deformation, der im Übergang zur modernen Metaphysik durch Descartes verfestigt wird und schließlich durch die ideologischen Denker in Form einer Art zweiter Orthodoxie fortgeführt wird. Daß propositionale Metaphysik eine Deformation der Philosophie darstellt, die von den doktrinären Ideologien beständig fortgeführt wird, gehört meiner Meinung nach zu den wichtigeren Entdeckungen, die ich im Rahmen meiner Arbeiten gemacht habe.

Ist dieses Problem erst einmal erkannt, dann stellt sich die Frage, warum Menschen sich auf das Spiel der propositionalen Metaphysik und auf die den propositionalen Ideologien folgenden Orthodoxien überhaupt einlassen. Auf welche Erfahrung gründet sich das Motiv für die großen modernen Dogmatomachien, die im 16. Jahrhundert aufkamen und nun seit über vierhundert Jahren andauern, ohne daß zu der vordogmatischen Realität der erfahrenen Einsicht zurückgekehrt würde?

Diese Frage führt zur Problematik der Entfremdung, *d. h.* des existentiellen Zustandes, der in der Deformation von Symbolen zu

Doktrinen zum Ausdruck kommt. Dieses Problem ist selbstverständlich nicht neu. Die Deformationen setzten in der klassischen Antike zu der Zeit ein, als der Mythos der *polis* nichts weiter als eine leere Hülle darstellte, die nach der Zerstörung der Gesellschaft, die ihn hervorgebracht hatte, durch die Reiche übriggeblieben war. Mit den Stoikern, die die existentielle Unordnung im Zuge der imperialen Eroberungen beobachteten, wurde das Verständnis des Zustands der Entfremdung entwickelt, das sich selbst in der Schaffung des Begriffes *allotriosis* zum Ausdruck brachte. Die Stoiker als gutgeschulte Philosophen hatten das Phänomen der Entfremdung recht gut verstanden. Wenn philosophische Existenz die Existenz im Bewußtsein des spezifisch Menschlichen ist, das allein in der Spannung zum göttlichen Grund hin konstituiert wird, und wenn diese Bewußtheit in der Praxis der Existenz verwirklicht wurde durch die Platonische *periagoge* – die Hinwendung zum Grund –, dann bedeutet Entfremdung nichts anderes als die Abwendung vom Grund hin zu einem Selbst, das ohne Fundierung durch die Beziehung zum göttlichen Grund als menschlich gedacht wird. Die Hinwendung zum göttlichen Grund – die klassische *epistrophe* – muß deswegen bei der Beschreibung von Zuständen menschlicher Existenz ergänzt werden um die stoische Auffassung der *apostrophe* – die Abwendung vom Grund. Hinwendung zu und Abwendung vom göttlichen Grund werden zu den grundlegenden Kategorien in der Beschreibung der Zustände von Ordnung und Unordnung in der menschlichen Existenz.

Diese grundlegenden Beobachtungen der Stoiker bezüglich der Struktur der Existenz lassen sich mit den vorher erwähnten modernen Betrachtungen der Wahrnehmungsverweigerung verbinden. Sich Abwenden bedeutet, sich zu weigern, die Erfahrung des göttlichen Grundes als konstitutives Element der menschlichen Realität wahrzunehmen. Diese absichtliche Abwendung von der grundlegenden Erfahrung der Realität wurde von den Stoikern als Krankheit des Geistes bestimmt. Die Wissenschaft von der existentiellen Deformation durch die Abkehr vom Grund und damit vom eigenen Selbst wurde zum Kernstück der Psychopathologie und blieb dies bis in die Zeit der Renaissance.

Das Thema trat erneut im 20. Jahrhundert in den Vordergrund: Die Massenphänomene geistiger und intellektueller Desorientierung in unserer Zeit haben die Aufmerksamkeit wieder auf den fundamentalen Vorgang der *apostrophe* gelenkt. Nachdem die Ursache von Unordnung an einer Reihe von nachfolgenden Symptomen wie zum Beispiel dem ungehemmten Schwelgen in Leidenschaften beobachtet werden konnte, erkennt man nun im Rahmen der existentiellen Psychologie aufs Neue, daß hinter den begleitenden Symptomen das grundlegende Problem der *apostrophe* liegt – der Abkehr des Menschen von seiner eigenen Menschlichkeit.

Das soeben beschriebene Phänomen der Wiederentdeckung tritt nicht nur in der Moderne auf. Man kann es bereits in der griechischen Klassik beobachten: Thukydides versuchte die Beobachtungen sozialer Pathologien mit dem medizinischen Begriffsapparat des Hippokrates zu erfassen, und diese Beobachtungen waren später die Grundlage für die Entdeckung der existentiellen Ordnung durch Platon und Aristoteles. Auf eine sehr ähnliche Art und Weise wird das Phänomen heute – nach zwei Jahrhunderten schwerer Schädigung der Existenz – als pathologisch verstanden; und insofern, als es als pathologisch erkannt wird, gewinnt auch die Frage nach einer gesunden, wohl geordneten Existenz wieder an Aufmerksamkeit.

23

GESCHICHTSPHILOSOPHIE

Diese verschiedenen Entwicklungen führen zum Problembereich einer Philosophie der Geschichte. Geschichtsphilosophie als Topos geht nicht weiter zurück als bis in das 18. Jahrhundert. Bereits zu Anfang des 18. Jahrhunderts wurde er mit den Entwürfen einer imaginären Geschichte verknüpft, die zu dem Zweck geschaffen waren, den Autor des jeweiligen Entwurfs sowie seinen persönlichen Zustand der Entfremdung als Höhepunkt der gesamten vorausgegangenen Geschichte zu interpretieren. Bis in die jüngste Zeit hinein wurde Geschichtsphilosophie eng verknüpft mit den in einem Zustand der Entfremdung gemachten Fehldeutungen von Geschichte, man denke nur an Condorcet, Comte, Hegel oder Marx. Diese starre Form von Geschichtskonstruktion, in der die Realität aus einer entfremdeten Existenz heraus verfälscht wird, verschwindet im 20. Jahrhundert mehr und mehr. Hat man erst einmal die Deformation der Existenz, die zum Entwurf ideologischer Systeme führt, als eine solche wahrgenommen, dann werden die Kategorien der undeformierten menschlichen Existenz zu den Kriterien, nach denen die Beurteilung der deformierten Existenz und Systeme vorgenommen werden muß. Die ideologischen Systeme werden dann selbst zu historischen Phänomenen in einem Prozeß, der unter anderem die Spannung zwischen Ordnung und Unordnung reflektiert. Auf Perioden der Ordnung folgen Epochen des Zerfalls, folgen Fehlentwürfe der Realität, die von entfremdeten Menschen geschaffen werden. Im Gegenzug zu diesen Phänomenen der Auflösung, der Entfremdung und der Fehldeutung formieren sich Bewegungen, die die Fülle der Realität wieder zu Bewußtsein bringen.

Auf der Grundlage dieser Vorstellung von Ordnung und Unordnung vermag man bestimmte Aspekte der sogenannten Moderne als Ausdruck deformierter Existenz in demselben Sinne zu verstehen wie Thukydides, der in seiner *Geschichte des Peleponnesischen Krieges* den Verlauf der Kriegsereignisse und ihre Vorgeschichte als eine soziale *kinesis* beschrieb – als eine fiebrige Entwicklung des Zerfalls und der Unordnung. Das bedeutet allerdings nicht, daß in solchen Zeiten des Wandels, sei es die von Thukydides beobachtete oder die moderne *kinesis* im 18. Jahrhundert, nur aufgeregte Unordnung vorherrscht. Wenngleich sich gerade die Moderne durch »Modernität« im pejorativen Wortsinn von anderen Geschichtsepochen abhebt, so finden sich in ihr dennoch fortlaufend Beispiele dafür, daß Widerstand gegen die Unordnung geleistet wird und daß Menschen sich bemühen, die verlorene oder zerstörte Realität wiederzugewinnen. Jeder Entwurf einer Geschichte oder Theorie der *Moderne* hat beides zu berücksichtigen: die Zerstörung der Realität durch sich selbst entfremdete Menschen (die ideologischen Denker) zum Zwecke der eigenen Selbstverherrlichung sowie die entsprechende Gegenbewegung von seiten der Philosophen und Gelehrten. Diese Gegenbewegung gipfelt in der heutigen Zeit in den hervorragenden Leistungen der historischen Wissenschaften, welche die ideologischen Konstrukte, die noch immer in der Öffentlichkeit vorherrschen, als grotesk entlarven. So läßt sich heute einerseits eine große revisionistische Bewegung unter den amerikanischen Historikern beobachten, die die Geschichte des Kalten Krieges aus einem marxistischen Blickwinkel schreiben. Ihr stehen andererseits Gelehrte wie Raymond Aron gegenüber, der solche Anwandlungen als »paramarxistische Possen« bezeichnet.

Wendet man die Kategorien der Ordnung und der Unordnung auf den stets anwachsenden Berg historischen Materials an, dann ergeben sich bestimmte Strukturlinien der Bedeutung – natürlich immer mit der Einschränkung, daß durch neue historische Kenntnisse Revisionen nötig werden können. Ein wichtiges Ergebnis meiner Untersuchungen, das in dem demnächst erscheinenden Band 4 von *Order und History* [erschienen 1974] vorgestellt wird, ist das ökumenische Zeitalter. Das *ökumenische Zeitalter* stellt jene Epoche in der Geschichte der Menschheit dar, die in etwa in der Zeit Zarathustras und der Anfänge der Eroberungsfeldzüge der Achämeniden einsetzt und bis hin zum Ende des Römischen Reiches dauert. Es ist die Zeit, in der die kosmologische Auffassung der Realität einem neuen Realitätsverständnis Platz machte, in dessen Mittelpunkt die Differenzierung der Wahrheit der Existenz durch die hellenische Philosophie und die christlichen Offenbarungserfahrungen standen. Geographisch umfaßt das ökumenische Zeitalter Persien und danach Griechenland und das Römische Reich im Westen sowie die Entwicklung des ökumenischen Bewußtseins in den fernöstlichen Zivilisationen, insbesondere in China. Ein Aspekt dieser Epoche ist im Begriff *Achsenzeit* angedeutet: Er meint die Zeit um 500 v. Chr., in der Heraklit, Buddha und Konfuzius lebten. Ein anderer Aspekt des ökumenischen Zeitalters ist jenes Phänomen, dem die Epoche ihren Namen zu verdanken hat: die imperiale Expansion der Perser, Alexanders, der Römer, der Maurya-Dynastie in Indien sowie der Ch'in- und der Han-Dynastie in China. Etwa um 200 v. Chr. treffen wir keine Stammesgesellschaften oder kleinen Stadtstaaten an, sondern ökumenische Reiche, die sich vom Atlantik bis zum Pazifik erstrecken. Mit dem bereits erwähnten ökumenischen Bewußtsein ist gemeint, daß die Akteure und Zeitgenossen, man denke etwa an Herodot, Polybios oder an die ersten chinesischen Historiker Ssu-ma T'an oder Ssu-ma Ch'ien, die Ereignisse der imperialen Expansion als Entdeckung und Eroberung der – wie sie es nannten – *Ökumene* verstanden. Das Symbol *Ökumene* wird zur *idée-force* dieser Periode; und ökumenische Eroberung im Sinne von Herrschaft über die aktuell lebende Menschheit blieb seit dieser Zeit ein grundlegender Faktor in der Geschichte, auch wenn sie – heute müßte sie global sein – in praxi nie gelang. In diesem Zusammenhang gilt es, drei spezifische Phänomene des ökumenischen Zeitalters zu nennen: 1) die geistigen Ausbrüche, mit denen sich Jaspers in seinen Studien intensiv beschäftigte, 2) die Ausbrüche imperialer Bestrebungen, die von je her die Aufmerksamkeit der Historiker auf sich gelenkt haben; 3) die Anfänge der Geschichtsschreibung, in der zum einen die durch die zerstörerische Ausdehnung der Reiche verursachte Unordnung gegen die neu geschaffene Ordnung abgewogen und zum anderen die entstandene Ordnung anhand des neuen, differenzierten Verständnisses von existentieller Ordnung bewertet wurde.

Diese triadische Struktur von geistigem Ausbruch, Reich und Geschichtsschreibung charakterisiert eine spezifische Periode in der Geschichte der Menschheit. Meiner Meinung nach sollte sie an die Stelle der anderen geschichtstheoretischen Entwürfe, auch nichtideologischer Konzeptionen wie zum Beispiel Toynbees früherer Auffassung von Zivilisationen als den Grundeinheiten der historischen Untersuchung treten. Zivilisationen können wohl kaum als die letztendlichen Einheiten betrachtet werden, es sei denn, man läßt die multizivilisatorischen Reiche, wie sie von den Persern, von den Griechen unter Alexander und von den Römern geschaffen wurden, und ihren Zerfall in ethnische Untereinheiten bei Nachlassen der imperialen Stoßkraft aufgrund verschiedenster Widerstände außer acht. Um überhaupt zu der Auffassung von Zivilisation als der entscheidenden Grundeinheit in der Geschichte zu gelangen, mußte Toynbee zivilisatorische Einheiten aus dem Rückblick von imperialen Gründungen konstruieren, die er für die letzte Phase vor einem zerfallenden Interregnum betrachtete. Tatsächlich aber existierten solche »Zivilisationen«, die in »ökumenischen Reichen« ihren Höhepunkt fanden, gar nicht vor der imperialen Expansion. Sicherlich gibt es so etwas wie eine Kontinuität in der chinesischen Geschichte, beispielsweise von der klassischen Chou-Periode hin zur Han-Zeit und der Periode danach. Aber die chinesische Zivilisation, die aus den imperialen Erschütterungen hervorging, ist absolut nicht mit dem Aggregat an Stammesgesellschaften gleichzusetzen, die im 8. Jahrhundert v. Chr. in ihr aufgingen. Und die griechisch-römische Gesellschaft, die am Ende der griechischen und der römischen imperialen Ausdehnung entstand, ist weder mit dem Athen Platons noch der frühen Römischen Republik gleichzusetzen. Zivilisationen sind also keine Grundeinheiten der Geschichte, sondern das Ergebnis höchst unangenehmer, blutiger historischer Prozesse. Ich halte es für nicht zulässig, die zivilisatorischen Gesellschaften, die aus Reichen hervorgehen und den Differenzierungsgrad des ökumenischen Bewußtseins aufweisen (selbst wenn sie auf der Ebene der praktischen Politik ihre Ambitionen einzuschränken hatten) auf die Gesellschaften zurückzuprojizieren, die am Anfang des Prozesses standen.

Aus diesem Grunde kann man das ökumenische Zeitalter als eine Periode in der Geschichte der Menschheit bezeichnen, aus der neue Gesellschaften hervorgingen, in denen andere Faktoren als das Moment der imperialen Eroberung wirksam wurden. Wenn ein Römisches Reich in ein byzantinisches Reich, ein westliches lateinisches Reich und ein neues islamisches Reich im Nahen Osten und in Nordafrika zerfällt, dann ist die Behauptung, die griechisch-römische Zivilisation bestehe weiter, unhaltbar. Vielmehr sind neue soziale Einheiten auf der Grundlage von neuen Wanderbewegungen, kulturellen Einflüssen und Ausdehnungen entstanden, die zum einen die Form des Reiches aus dem ökumenischen Zeitalter, zum anderen aber zu ihrer Legitimation die doktrinär verfestigten geistigen Ausbrüche als politische Theologie übernehmen. Auf die ökumenischen Reiche und ihre Unordnung folgten *orthodoxe* Reiche – sei es in einem konfuzianischen China oder in einem hinduistischen Indien, in einem islamischen Reich, in einem griechisch-orthodoxen Reich im Osten oder in einem lateinisch-orthodoxen Reich im Westen. Diese neuen imperialen Zivilisationen, die als zivilisatorische Gesellschaften nicht die geringste Gemeinsamkeit mit denjenigen Gesellschaften besitzen, die von den ökumenischen Reichen beherrscht wurden, haben alles in allem solange fortexistiert, bis es in der sogenannten modernen Periode zu einer neuen Welle der Unruhe und der Auflösung kam.

Keine dieser Beobachtungen bezüglich der erkennbaren Strukturen in der Geschichte der Menschheit darf jedoch nun im Gegenzug zu einer Doktrin erhoben werden. Orthodoxe Reiche sind dem Zerfall preisgegeben, sobald bedeutendere Erscheinungen wie die Wiederentdeckung der heidnischen Antike und die gleichzeitige Expansion der Naturwissenschaften das Bewußtsein der Menschen im Abendland für Realitätsbereiche öffnen, die von der staatlich sanktionierten Orthodoxie ausgeklammert waren. In diesem Sinne stellt die moderne Epoche den Prozeß der Auflösung der imperialen Orthodoxie durch ein neues Bewußtsein von der Realität dar. Dieses neue Bewußtsein kann jedoch – wie es dann auch geschah – selbst zu einem orthodoxen System entarten, diesmal zu einer fortschrittsorientierten ideologischen Variante. Dies, weil das neue Realitätsbewußtsein aus der orthodox-imperialen Epoche die Deformierung von Symbolen zu Doktrinen tradiert hat. Die moderne Deformation könnte man als eine Orthodoxie der Entfremdung bezeichnen, die den wichtigsten Bereich der Realität – die Beziehung des Menschen zum göttlichen Grund – aus dem Bewußtsein ausschließt. Diese neue Einschränkung der Realität wird selbstverständlich ebensowenig andauern wie die Einschränkungen, die die

Orthodoxie der imperialen Epoche kennzeichnen. Auf Dauer kann man sich dem Druck der Realität nicht widersetzen.

Die in manchen Fällen von der Staatsgewalt sanktionierte Ausklammerung der existentiellen Ordnung aus dem öffentlichen Bewußtsein ist jedoch nicht der einzige Faktor, der das Übergewicht der Ideologien in der Gegenwart aushöhlen wird. Wir stehen vor dem gleichen Problem wie die Gründer der früheren ökumenischen sowie der späteren orthodoxen Reiche: das Faktum der ethnischen und kulturellen Vielfalt in der Menschheit. Das Römische Reich beispielweise war alles andere als römisch. Das Herzstück des Reiches bildete die Römische Republik, aber diese Republik mußte bereits ihre eigenen Grenzen überschreiten, um die italischen Stammesgesellschaften in einer Konföderation zusammenzubringen, und das umso mehr, als sie andere Völker unterwarf, die eindeutig nicht den kulturell-ethnischen Einheiten Italiens angehörten, was überdies deren Widerstand hervorrief. Die Auflösung des Römischen Reiches erfolgte entlang der ethnisch-kulturellen Grenzen. Die ethnisch-kulturelle Vielfalt der Menschheit ist nach wie vor ein bedeutender Faktor trotz der fortgesetzten sozialen und kulturellen Zerstörungsarbeit, die Reiche um ihrer Ausdehnung und Selbsterhaltung willen betrieben haben. Es ist zum Beispiel nicht vorstellbar, daß die Sowjetunion sich in ihrer gegenwärtigen Form aufrechterhalten kann, denn der Anteil der nicht-russischen Bevölkerung mit einer eigenen Kultur macht mehr als fünfzig Prozent aus. Das gleiche Problem in einem kleineren Maßstab ist in den Vereinigten Staaten zu finden, wo die eingewanderten Völker, aus der sich die amerikanische Bevölkerung zusammensetzt, noch nicht ganz zu einer einheitlichen Zivilisation verschmolzen sind und wo das zunehmende kulturelle Selbstbewußtsein verschiedener ethnischer Gruppen, das erst in einem Jahrhundert voll zum Tragen gekommen sein wird, die amerikanische Gesellschaft noch beträchtlich verändern wird. Das offenkundigste Beispiel ist jenes berühmte Europa, das es in Wirklichkeit gar nicht gibt. Hier existiert eine beträchtliche Anzahl von sehr eigenständigen und selbstbewußten ethnischen Kulturen nebeneinander, die aus dem christlich-orthodoxen Reich im Westen hervorgingen, aber bisher noch nicht zu einer neuen zivilisatorischen Einheit verschmolzen sind, welche mit dem christlichen Vorläufer vergleichbar wäre, aus dem heraus sie entstanden. Der Endzustand ist noch nicht erreicht. Und was ein Philosoph heute zum Verständnis eines immer noch andauernden Prozesses beitragen kann, ist die Analyse der Faktoren, die die Ursache für die Integration bzw. die Auflösung in der erwähnten Form bilden.

24

UMFANG, BESTAND, AUSBLENDUNG UND ÄQUIVALENZ DER WAHRHEIT

Eines der Grundprobleme in jeder Philosophie der Geschichte ist die Konstanz der Realität während des gesamten Prozesses von der Kompaktheit bis hin zum Übergang zur Differenzierung. Die Realität, die sogenannte Primitive erfahren, ist keine andere als die, die der Mensch in der Moderne erfährt. Was beispielsweise das Neolithikum von dem Zeitalter der Moderne unterscheidet, sind die Ereignisse der Differenzierung. Der erste Denker, der auf dieses Problem aufmerksam wurde und es in seiner Struktur analysierte, war Aristoteles in den ersten zwei Büchern seiner *Metaphysik*. Er hatte begriffen, daß seiner philosophischen Analyse der Realität genau dieselbe Realität zugrundelag, die auch die älteren »theologisierenden« Denker, die ihre Erfahrungen noch im Mythos ausdrückten, erfahren hatten. Aristoteles bezog sich vor allem auf Homer und Hesiod. Wenn die früheren Denker ihre Erfahrung vom Ursprung des Seins im Mythos von Uranos und Gaia ausdrücken, dann sind sie auf der Suche nach demselben Seinsgrund, den auch Aristoteles sucht und den er als den Nous erkennt. Der *philomythos* ist für ihn etwas Ähnliches wie der *philosophos.* Gegen Ende seines Lebens begann er den Mythos mehr und mehr als eine Quelle des Wissens zu schätzen, weil dieser bisweilen umfassender ist als die Strukturen der Realität, die der Philosoph unterscheidet. Aristoteles erkannte die Beziehungen zwischen Erfahrungen und Symbolisierungen auf den verschiedenen Ebenen von Kompaktheit und Differenzierung, die ich mit den Begriff *Äquivalenz* bezeichnet habe. Mit Äquivalenz ist die erkennbare Identität der auf verschiedenen Stufen von Differenzierung erfahrenen und ausgedrückten Realität gemeint.

Die wichtigste Konsequenz dieser Erkenntnis ist das Verstehen bestimmter Prozesse in der Geschichte. Wenn eine neue Stufe in der Differenzierung erreicht ist, wird der neu artikulierte Bereich der Realität als ein Bereich von besonderer Bedeutung verstanden; die Hochschätzung seiner Bedeutung und die Freude über die Entdeckung mögen so groß sein, daß andere Bereiche der Realität, die in den früheren kompakten Erfahrungen enthalten waren, vernachlässigt werden. Der gravierendste Fall einer solchen Ausblendung ereignete sich in der Moderne, als die neu differenzierten Naturwissenschaften an Bedeutung gewannen. Das Modell von der Vernunft, wie sie in der kognitiven Wahrnehmung der äußeren Welt wirksam ist, avancierte zum Modell von Vernunft schlechthin, so daß ihre existentiell grundlegenden Aspekte im klassischen Sinne, die zentralen Bestandteile menschlicher Humanität, vernachlässigt und erst schrittweise im 20. Jahrhundert unter dem Titel »Existentialismus« wiederentdeckt wurden, der die Struktur der Vernunft in der Existenz aber eher verdunkelt als erhellt. Die Schwierigkeiten bei der Wiederentdeckung der existentiellen Ordnung zwangen Jaspers, die Sprache der Existenz, die er noch in seinen frühen Werken verwendet hatte, abzulegen und, als er auf die Entgleisungen des Existentialismus, insbesondere von Sartre, aufmerksam wurde, zur Sprache der *Vernunft* zurückzukehren. Dies ist jedoch nicht das einzige Beispiel für die Vernachlässigung und Ausklammerung der Realität:

Einer der schwerwiegendsten Fälle ereignete sich im Zusammenhang mit der Entstehung des Christentums. Die pneumatischen Differenzierungen, die wir Christus und Paulus zu verdanken haben, rückten unter dem Begriff der Offenbarung ins Zentrum des christlichen Denkens. Da Offenbarung (die Differenzierung pneumatischen Bewußtseins) etwas völlig Neues darstellte, eine Epoche in der Geschichte markierte, wurde die Existenz der pneumatischen Schicht in der kompakten Form des früheren menschlichen Denkens vernächlässigt und sogar geleugnet. Die christliche Lehre ging davon aus, daß die Vernunft des Menschen natürlich ist und als solche eine Quelle des Wissens bildet; zusätzlich zu dieser natürlichen Vernunft war nun die übernatürliche Quelle des Wissens – die Offenbarung – auf die Welt herabgekommen. Daß die griechischen Denker sich völlig bewußt waren, daß sie eine Offenbarung empfangen hatten, als sie den *Nous* als den Grund des Seins entdeckten, wurde einfach ignoriert. Sogar heute noch ist der theophanische Kern der klassischen Philosophie praktisch unbekannt – dank der Verdrängung durch die christliche Doktrin von der natürlichen Vernunft. Dementsprechend mangelt es in einem hohen Maße an Untersuchungen über Parallelphänomene in der griechischen Philosophie und der israelitisch-christlichen Offenbarung – trotz der Tatsache, daß das Wort *Prophet* aus der Sprache der griechischen Dichter übernommen worden ist, was hätte hellhörig machen können. Die griechischen Dichter wußten um sich selbst als Propheten der Götter in genau demselben Sinne, wie die israelitischen Propheten die Sprecher *(nabi)* Gottes waren.

Hat man erst einmal die Gegenwart der Offenbarung auf den verschiedenen Ebenen der Kompaktheit erkannt, dann kann man eine Terminologie entwickeln, um von den Parallelphänomenen in adäquaten Begriffen sprechen zu können. Man kann von theophanischen Ereignissen und Erfahrungen sowohl im noetischen als auch im pneumatischen Kontext der griechischen Philosophie wie der israelitisch-christlichen Offenbarung sprechen. Ist die Parallele erst einmal erkannt, dann kann man die Unterschiede zwischen der noetischen Theophanie Platons und der pneumatischen Theophanie des Paulus untersuchen. Solch eine Untersuchung trüge in einem erheblichen Maße zu einem besseren Verständnis der Struktur der Erfahrung des Philosophen bei. Und es würde von dem Forscher ebenso verlangen, exakt zu bestimmen, was genau der Punkt der pneumatischen christlichen Differenzierung ist, der über die noetische Differenzierung von Platon und Aristoteles hinausgeht. Eine solche Untersuchung wurde niemals durchgeführt; das Problem wurde verschleiert durch die Sprache der natürlichen Vernunft und der Offenbarung.

Damit jedoch kein Irrtum aufkommt: Diese Fragestellung wurde nicht gänzlich von den christlichen Denkern außer acht gelassen. Feinsinnigeren Geistern wie beispielsweise Thomas von Aquin war das Problem nur allzu bewußt. Er wußte, daß Christus, sollte er in der Tat Oberhaupt aller Menschen sein, mehr als nur der Kopf der christlichen Kirche und ihrer Mitglieder war. Dementsprechend hielt Thomas ausdrücklich fest, daß Christus das Oberhaupt aller Menschen sei von Anbeginn der Schöpfung der Welt an bis zu ihrem Ende. Man könnte sagen, Thomas war ein wirklicher Humanist: Er wußte, daß Christus zu jedem Menschen gekommen war, nicht nur zu Christen oder gar nur zu Theologen. Aus Thomas' Einsicht ergaben sich natürlich Probleme, die – soweit ich weiß – kein christlicher Denker jemals anzuschneiden wagte: Wie kann Christus wirklich das Oberhaupt, sagen wir, der Babylonier oder der Griechen der Stadtstaaten-Periode sein? Und wie drückt sich die pneumatische Präsenz seines *logos* in den Erfahrungen und Symbolisierungen der Babylonier oder der Ägypter aus? Hier eröffnet sich ein weites Feld für den Geschichtsphilosophen, der sich ernsthaft für die historischen Quellen interessiert.

Auf eine nur halbbewußte Art und Weise ist das Problem natürlich gegenwärtig in den Studien auf dem Gebiet der antiken Geschichte, der Geschichte der Symbole, der Geschichte des Mythos und der vergleichenden Religionsgeschichte: All unser Interesse an den alten Quellen wird durch unseren Bezug zu der göttlichen Präsenz in diesen frühen Symbolen hervorgerufen. Die mit diesen historischen Materialien beschäftigten Forscher würden es dennoch kaum wagen, das wahre Motiv für ihre Untersuchungen öffentlich einzugestehen und es eindeutig als das Interesse für den Prozeß der Differenzierung zu erkennen geben, der in dem ökumenischen Zeitalter, in den epochalen Differenzierungen des Bewußtseins durch die Philosophie, durch Christus und durch die Apostel gipfelt.

25

BEWUSSTSEIN, GÖTTLICHE GEGENWART UND DER MYSTISCHE PHILOSOPH

Bei der Beschäftigung mit dieser kritischen Periode des ökumenischen Zeitalters muß man sich damit auseinandersetzen, daß das, was sich ereignete, die Verlagerung des Prozesses der Differenzierung in das Bewußtsein des Menschen hinein ist. Wird das Bewußtsein oder in der griechischen Terminologie: die *psyche* des Menschen als der Ort dieses Prozesses verstanden, muß die Symbolisierung der göttlichen Präsenz von den intrakosmischen Göttern auf die Psyche des Menschen als den Ort der göttlichen Gegenwart übergehen. Radikalster Ausdruck dieser Erfahrung ist das christliche Symbol der Inkarnation.

Wenn sich das Bewußtsein selbst erhellt als der Ort des göttlich-menschlichen Zusammenwirkens im historischen Prozeß der Differenzierung, dann ist bei weitem noch nicht das Weltende gekommen, wie einige Zeitzeugen dieses großen Ereignisses glaubten. Die Wiederkehr Christi, die zur Abschaffung der bestehenden Welt führen würde, hat sich nicht ereignet, obwohl Paulus und die frühen Christen dies für die nahe Zukunft erwarteten. Im Gegenteil, etwas ganz anderes ereignete sich. Die Symbole, die die Erfahrungen der Psyche, ihres Bewußtseins, ihrer noetischen und pneumatischen Struktur artikulierten, wurden als Symbole der Wahrheit verstanden, die aus dem Prozeß der Geschichte aufsteigen: Dieser Prozeß ist einerseits ein Prozeß in dieser Welt, andererseits ein theophanischer Prozeß. Eine große Zahl an Symbolen gewinnt die Bedeutung einer sekundären Vergegenwärtigung von Einsicht; und jenseits dieser sekundären Einsicht entsteht ein Wissen um die Spannung des Menschen zum göttlichen Grund, welches durch keine Symbolisierung der Wahrheit in dieser Welt adäquat ausgedrückt werden kann. Diese Artikulation einer weiteren Schicht von Erfahrung jenseits der Symbolisierung von noetischer und pneumatischer göttlicher Präsenz wurde in Anlehnung an Pseudo-Dionysios Mystik genannt. Diese Schicht existierte jedoch selbstverständlich schon, bevor sie im 5. Jahrhundert durch die neuplatonisch beeinflußten christlichen Denker ihren Ausdruck fand. Sogar Platon wußte genau, daß es Beziehungen zu einer göttlichen Realität gibt, die jenseits der Offenbarung liegt, die er in den Symbolen des Demiurgen oder des *Nous* als des dritten Gottes nach Kronos oder Zeus in der Geschichte ausdrückte. Mystik, verstanden als Bewußtsein von einer Schicht in der Realität, die strukturell jenseits der Realität der historischen Theophanien – sogar der Theophanie Christi – liegt, kann, wenngleich in noch undifferenzierter Form, bis in die Zeit zurückdatiert werden, aus der die ältesten schriftlichen Überlieferungen stammen. Die bestechenden Parallelen beispielsweise zwischen westlicher und hinduistischer Mystik wurden von Rudolf Otto in seinem Werk *West-Östliche Mystik* untersucht.

In der Geschichte des Abendlandes gewann die Mystik seit dem Mittelalter, als insbesondere durch das Werk Thomas von Aquins die Grenzen des doktrinären Ausdrucks von Wahrheit sichtbar wurden, beträchtlich an Bedeutung. In der Generation nach Thomas entstand die Kluft in der Theologie zwischen dem Nominalismus Wilhelms von Ockham und der Mystik Meister Eckharts. Der nominalistische und der mystische Glaube bildeten seit dieser Zeit zwei wesentliche Stränge in der Geistesgeschichte des Abendlandes. Der Nominalismus eines Dogmas, das sich von der ihm zugrundeliegenden Erfahrung abgelöst hat und deswegen nicht mehr durch den Rückbezug auf die Erfahrung überprüft werden kann, setzte sich jedoch als allgemeine Denkform im Westen durch: Ab dem 18. Jahrhundert bildete er das geistige Schema des ideologischen Denkens und Argumentierens. In einer solchen Situation, in der die verschiedenen doktrinären Wahrheiten gegeneinander zu kämpfen beginnen, gewinnt die Mystik wieder mehr und mehr die Aufmerksamkeit der Philosophen. Als im 16. Jahrhundert ganze acht Religionskriege Frankreich erschütterten, erkannte Jean Bodin, daß der Kampf zwischen den verschiedenen theologischen Wahrheiten auf dem Schlachtfeld nur dann eingedämmt werden könnte, wenn die sekundäre Bedeutung doktrinärer Wahrheit gegenüber der mystischen Einsicht begriffen würde. Er forderte von seinem Souverän, daß dieser sich, wenn er schon selbst kein Mystiker sei, wenigstens von einem Mystiker wie Bodin beraten lasse, um somit über der Dogmatomachie zu stehen. Meine eingehende Studie des Werkes von Jean Bodin in den frühen dreißiger Jahren vermittelte mir einen ersten umfassenden Eindruck von der Funktion der Mystik in Zeiten sozialer Unordnung. Noch heute gehört Bodins *Lettre à Jan Bautru* für mich zu den wichtigsten Dokumenten, die mein eigenes Denken geprägt haben. Im 20. Jahrhundert, in dem die Dogmatomachie nicht mehr von theologischen, sondern ideologischen Sekten ausgetragen wird, gelangte Henri Bergson in seinem *Les deux sources de la morale et de la religion* zu einem ähnlichen Verständnis des Problems. Ich bezweifele, daß Bergson als Mystiker dasselbe Format wie Bodin besitzt, aber diese zwei französischen Spritualisten stellen für mich die repräsentativen Figuren im Verständnis von Ordnung in Zeiten geistiger Unordnung dar.

26

ÜBER REVOLUTIONEN, DIE OFFENE GESELLSCHAFT UND GESELLSCHAFTLICHE INSTITUTIONEN

In bezug auf die institutionelle Realisation existentieller Ordnung scheint die amerikanische Gesellschaft gegenüber anderen Nationalstaaten in der westlichen Welt einige Vorzüge zu besitzen. Zunächst muß ich jedoch gestehen, daß ich in dieser Hinsicht nicht unbefangen bin. Schließlich mußte ich vor den politischen Umständen in Zentraleuropa fliehen, und in Amerika wurde ich freundlich aufgenommen. Dies hat natürlich Vorurteile bei mir hinterlassen. Ich hoffe dennoch, daß meine nun folgenden Bemerkungen nicht allzu stark von ihnen durchdrungen sind.

Als erstes gilt es, das Problem der Revolution im Westen zu erörtern. Oswald Spengler hatte beobachtet, daß die Revolutionen in der Zeit vor 1789 – d. h. die englische und die amerikanische Revolution – einen konservativen Typus von Revolution darstellen, insofern als sie die kulturelle Substanz der westlichen Zivilisation fortführten. Mit der französischen Revolution setzt nach der Meinung Spenglers ein Zerfallsprozeß der westlichen Kultur ein. Diese Thesen sind etwas abstrakt, aber sie können durch einige konkretere Anmerkungen erläutert werden. Eine Revolution wie die amerikanische unterscheidet sich von einer französischen oder russischen oder einer deutschen nationalsozialistischen Revolution offenkundig dadurch, daß sie mit Erfolg und einem Minimum an Gewalt zur Gründung einer offenen Gesellschaft führte. Man könnte behaupten, daß von den größeren Revolutionen die amerikanische die einzige ist, die wirklich erfolgreich verlief. Die Animosität französischer und deutscher Intellektueller gegenüber Amerika ist zu einem beträchtlichen Grad auf diesen Erfolg zurückzuführen: eine Revolution dieser Art darf nicht erfolgreich sein, denn die Intellektuellen wollen eine eigene Revolution in der französischen Tradition der Zerstörung kultureller Ordnung durchführen. Die Feindseligkeit der französischen revolutionären Revolte, die sich im Namen der Vernunft und eines höchsten Wesens gegen die christliche Ordnung richtete, welche wiederum im Frankreich des 18. Jahrhunderts nicht gerade sympathieerweckend durch die Kirche und den Klerus repräsentiert wurde, ist ohne Parallele in Amerika. Die Gesellschaft dieses Landes gründet sich auf eine revolutionäre Tradition, die nicht von dem eben erwähnten anti-christlichen Ressentiment getragen wurde. Wie auch immer, europäische Einflüsse reichen bis nach Amerika; unsere Intellektuellen sind vom europäischen, insbesondere dem französischen Intellektualismus beeinflußt – in der jüngeren Zeit vom deutschen Hegelianismus und Marximus sowie von dessen russischen Varianten.

Diese Einflüsse stehen im Widerspruch zu der amerikanischen Tradition. Zu einem guten Teil ist die gegenwärtige geistige Unruhe, jene berühmte »geteilte Gesellschaft«, auf die Rezeption des französisch-deutschen Typs der unvollendeten Revolution in Abgrenzung zu der erfolgreichen amerikanischen Variante zurückzuführen. Daß ein großer Anteil der amerikanischen Intellektuellen anti-amerikanisch eingestellt ist, muß ganz einfach zur Kenntnis genommen werden, auch wenn jene ein solches Urteil von sich weisen würden; es ist derselbe Anti-Amerikanismus, auf den man bei europäischen Intellektuellen stößt. Dieser Anti-Amerikanismus ist – läßt man bestimmte extreme Randgruppierungen außer acht – eindeutig kein Kommunismus im strengen Sinne. Und dies meines Wissens lediglich aus dem einfachen Grund, daß die meisten glühenden »liberalen« Intellektuellen bis auf einige wenige Gelehrte nicht genügend Bildung besitzen, um Denker vom Kaliber eines Hegel oder Marx zu lesen. Was in Amerika derzeit zu beobachten ist, ist keine kommunistische oder gar marxistische Bewegung, sondern eine paramarxistische Groteske, die in regelmäßigen Abständen auseinanderbricht, weil die Probleme, mit denen sich Marx beschäftigte, weit jenseits ihres geistigen Horizontes liegen. Dennoch stellen die Bewegungen selbst in dieser vulgären Form noch einen Störfaktor in der Gesellschaft dar und zwar mit dem Resultat, daß die Sprache der »Polarisierung« ziemlich populär geworden ist. Wenn ich die Struktur der amerikanischen Gesellschaft betrachte, bezweifle ich, daß solch eine Polarisierung wirklich stattgefunden hat. Es ist vielmehr so, daß sich eine unreflektierte und zum Teil ungebildete intellektuelle Bewegung aus Versehen selbst aus der amerikanischen Gesellschaft herauspolarisiert hat und nun mit dem Preis der Niederlage für diesen unbeabsichtigten Schritt zahlen muß.

In gewisser Hinsicht weist die in Amerika zu beobachtende Polarisierung eines Teils der Gesellschaft Ähnlichkeiten mit den parallel verlaufenden intellektuellen Bewegungen in Europa auf. Das legendäre Jahr 1968 hat mit seinen Aufständen in Paris, wenn überhaupt etwas, dann allenfalls die Nichtexistenz einer revolutionären Situation offenbart. Raymond Aron hat das Problem richtig erkannt, als er seiner Analyse der Ereignisse den Titel *La révolution introuvable* gab – mit dieser Analyse machte er sich ziemlich unbeliebt. Daß Bewegungen dieser Art, die sich selbst aus der Realität hinauskatapultieren, überhaupt in Amerika entstehen und auf eine gewisse öffentliche Resonanz stoßen konnten, war wahrscheinlich nur möglich aufgrund einer Reihe von sozialen Problemen, deren Lösung zu lange aufgeschoben wurde. Das Problem der schwarzen Bevölkerung und ihres Status in der Gesellschaft beispielsweise ist offenkundig. Vor dem geschichtlichen Hintergrund der Einwanderung und Sklaverei mit bestimmten Rassen und Ethnien gewinnt die nicht zu vermeidende Existenz niederer Klassen einen unerfreulichen Anstrich, insofern als diese unteren Gesellschaftsschichten sich aus bestimmten ethnischen oder rassischen Gruppen zusammensetzen. Daneben gibt es – oder eher: gab es – das Problem des Vietnamkrieges. Ob es von nationalem Interesse war, sich in diesem Krieg zu engagieren, ist sehr fraglich; aber als er einmal angefangen war, mußte er zu irgendeinem Abschluß gebracht werden. Man kann einen Krieg nicht einfach beenden, indem man sich aus ihm zurückzieht. Dieser Krieg gegen eine totalitäre Macht stellte die amerikanische Regierung vor dieselben Schwierigkeiten wie der Krieg gegen Hitler, nur daß die Probleme im Vietnamkrieg verschlimmert wurden durch die Distanz zwischen den Ereignissen und dem Alltag der Bevölkerung in Amerika. Das zentrale Problem, auf das ich hinweisen möchte, ist die Tatsache, daß ein Krieg gegen einen totalitären Staat, in dem die herrschende Elite aus totalitären Sektierern an ihrem Glauben festhält und bereit ist, die

Menschen bis zum bitteren Ende für ihre Herrschaft einzusetzen, nur mit entsetzlicher physischer Zerstörung zu einem Ende kommen kann – dies wissen wir seit dem Krieg gegen Hitler. Dasselbe Problem stellte sich in Vietnam. Die nordvietnamesische Regierung zögerte keinen Augenblick, die Bevölkerung Vietnams einem zerstörerischen Krieg auszusetzen; die amerikanische Seite, insbesondere die Fernsehberichte, vermittelten zu Hause den Eindruck, daß die Zerstörung Vietnams das Werk der amerikanischen Armee sei. Daß sich in einem Krieg zwei Parteien gegenüberstehen und daß die Zerstörung damals durch die andere Partei verursacht wurde, welche dann erst im nachhinein das Opfer der militärischen Aktionen wurde, kam den Menschen einfach nicht in den Sinn. Die Bombardierung deutscher Städte in Schutt und Asche sowie die massenweise Tötung der Zivilbevölkerung, beispielsweise durch die Bombardierung Hamburgs, bei der mehr als 40 000 Menschen in einer Nacht verwundet worden sein sollen, wurde mit Gleichmut aufgenommen. Eine vergleichbare Zerstörung kleineren Maßstabs in einem unterentwickelten Land rief jedoch lautes Entsetzen hervor. Daß diese Empörung von ideologischen Sektierern geschürt wurde und nicht von der amerikanischen Regierung, ist nicht beachtet worden.

Bei dieser Gelegenheit wurde die enorme Macht der Massenmedien unter der Kontrolle des intellektuellen Establishments deutlich. Für den Historiker ist es im Hinblick auf die Analyse von bestimmten Trends in der amerikanischen Gesellschaft von höchster Bedeutung, daß es den Massenmedien mit ihrer Propaganda möglich war, die militärische Niederlage der Kommunisten in der Tet-Offensive 1968 in eine Niederlage der Amerikaner umzuwandeln. Eine ähnliche Klitterung erfolgte bei der berühmten Invasion in Kambodscha. Die Tatsache, daß Kambodscha von kommunistischen Verbänden aus Nordvietnam überfallen wurde und daß eine militärische Aktion gegen eine solche Invasion im Gegenzug keine Invasion ist, hielt die Intellektuellen nicht davon ab, den wahren Sachverhalt zu einer grausamen amerikanischen Aggression zu verfälschen. Ähnliche Klitterungen kleineren Maßstabs waren bei der berühmten Bombardierung der Deiche in Nordvietnam zu konstatieren oder beim Bombenangriff auf militärische Ziele in Hanoi, der in einer gezielten Kampagne zu einem flächendeckenden Angriff auf die Zivilbevölkerung umgemünzt wurde. Die aufgezählten Beispiele deuten dem Historiker ein ernstzunehmendes Problem in intellektuellen Kreisen der amerikanischen Gesellschaft an – die absichtliche Abkopplung von der Realität und eine starke Aggressivität bei der Verfolgung der eigenen utopischen Träume. Da diese intellektuelle Krankheit nicht nur auf Journalisten und Fernsehreporter beschränkt ist, sondern in die akademische Welt und damit auch in die Erziehung der jüngeren Generation tief eingedrungen ist, muß man diese Trends als eine Gefahr für das demokratische System betrachten, dessen Bestand letzten Endes auf dem Kontakt der Mehrheit der Bevölkerung zur Realität basiert.

Nichts besteht ewig, auch die gegenwärtige »Polarisierung« wird vergehen. Momentan jedoch sind die Möglichkeiten der amerikanischen Regierung zu einer rationalen Politik erheblich eingeschränkt. Administrative Politik gegen die gegenwärtig mächtigen utopischen Phantastereien ist zur Zeit praktisch unmöglich geworden. Inwieweit die Einschränkung des amerikanischen Handlungsspielraumes durch Intellektuelle, die ihren Kontakt zur Realität verloren haben, das Land in Gefahr bringen wird, kann allein die Zukunft zeigen. Auf jeden Fall sind wir heute mit einer massiven sozialen Kraft an aggressiver intellektueller Unredlichkeit konfrontiert, die die akademische Welt und andere Bereiche der Gesellschaft durchdringt. Hier muß in der einen oder anderen Form korrigierend angesetzt werden, sollte die Situation jemals wirklich kritisch werden.

27

ESCHATOLOGIE UND PHILOSOPHIE: DIE PRAXIS DES STERBENS

Sind bestimmte Strukturen der Realität erst einmal ausdifferenziert und zu klarem Bewußtsein gebracht, dann entwickeln sie im weiteren Verlauf der Geschichte ihr eigenes Leben. Eine der wichtigen Einsichten, die von den Philosophen, den Propheten in Israel und von den frühen Christen gewonnen wurden, ist die Bewegung in der Realität in Richtung auf einen Zustand jenseits ihrer bestehenden Struktur. Was das einzelne menschliche Individuum anbelangt, so kann diese Bewegung offensichtlich nur durch den eigenen Tod vollzogen werden. Die große Entdeckung der klassischen Philosophen bestand darin, daß der Mensch nicht »sterblich« ist, sondern ein Wesen darstellt, das sich auf die Unsterblichkeit zubewegt. Das *athanatizein* – die Aktivität des Unsterblichwerdens – als die Substanz der philosophischen Existenz stellt eine zentrale Erfahrung bei Platon und Aristoteles dar. In der gleichen Art und Weise bezog sich die große Erfahrung und Einsicht des Paulus auf die Bewegung der Realität über ihre gegenwärtige Struktur des Todes hinweg in jenen unvergänglichen Zustand, der auf den Tod folgen wird dank der Gnade Gottes: d. h. in den Zustand der *aphtarsia*, der Unvergänglichkeit. Diese Bewegung in Richtung auf einen Zustand jenseits der bestehenden Struktur führt eine neue Spannung in die existentielle Ordnung ein, insofern als man das Leben in einer Weise zu führen hat, die zu einem Zustand der Unvergänglichkeit führen wird. Nicht jeder ist jedoch bereit, sein Leben dieser Bewegungsrichtung anzupassen. Eine ganze Reihe von Menschen träumt von einem Schnellschuß in Richtung Vollkommenheit bereits zu Lebzeiten. Dieser Traum von der Realität als einem ewigwährenden Zustand der Vollkommenheit in dieser Welt wird so zu einer Konstante in der Geschichte, sobald das Problem erkannt ist.

Schon die jüdischen Denker der Apokalypse glaubten, daß das Elend jener aufeinanderfolgenden Reiche, deren Opfer sie waren, aufgrund einer göttlichen Intervention, die einen Zustand des Glanzes und den Untergang der Reiche herbeiführen würde, ein Ende hätte. Selbst Paulus geht von einer Wiederkehr Christi noch zu seinen Lebzeiten aus. Erst als er erlebt, wie Christen noch vor dieser zweiten Ankunft sterben, gibt er diesen Traum auf.

Die metastatische Erwartung einer neuen Welt, die noch zu Lebzeiten auf die alte Welt folgen soll, wurde zu einem beständigen Unruhefaktor in der sozialen wie der politischen Realität. Diese Strömung wurde mit mehr oder weniger Erfolg von der Hauptkirche unterdrückt; zumindest wurden die Vorstellungen von einer Apokalypse auf die sektiererischen Bewegungen am Rande abgedrängt. Aber mit der Reformation rückten diese Randbewegungen mehr und mehr in den Vordergrund; und die Substitution von christlichen durch säkulare Erwartungen hat nichts an der Struktur des Problemes verändert.

In der Moderne kam ein neuer wesentlicher Faktor zum Tragen. Die Erwartung einer göttlichen Intervention wurde nun durch die Forderung nach direkten menschlichen Taten ersetzt, die eine neue Welt herbeiführen sollten. Marx beispielsweise ging davon aus, daß sich die Verwandlung des Menschen in einen Übermenschen allein durch den Blutrausch einer gewaltsamen Revolution vollzöge. Als diese Transformation auf dem Wege blutiger Gewalt jedoch 1848 nicht eintrat, setzte er auf eine Periode des Übergangs, die er Diktatur des Proletariats nannte. Aber zumindest Marx wußte, daß äußerliche Veränderungen alleine, so etwa die Appropriation der industriellen Produktionsmittel durch die Regierung, nicht die gewünschte Umwandlung zur Folge haben würden. In den gehobeneren Kreisen marxistischer Denker ist dieser Punkt dagegen unstrittig. Dort geht man davon aus, daß die Einrichtung eines kommunistischen Systems das äußere Ereignis darstellt, das notwendigerweise die Umwandlung der Menschen zu Wesen von übermenschlicher Perfektion zur Folge haben wird. Marx wußte ganz genau, daß der Aufbau eines kommunistischen Systems nichts anderes darstellte als die Verschärfung der Mißstände des kapitalistischen Systems auf das mögliche Höchstmaß. Auf der vulgären Ebene der späteren marxistischen Sektierer, insbesondere der zeitgenössischen

Utopisten, ist die Einsicht in dieses Problem verlorengegangen und durch so etwas wie die Magie der Aktion ersetzt worden. Der eschatologische Status der Volkommenheit wird durch direkte Gewalt erreicht. Die Erfahrung einer Bewegung in der Realität in Richtung auf den Bereich jenseits ihrer Struktur ist in die magische Vulgarität aggressiver Zerstörung der sozialen Ordnung transformiert worden.

Und dennoch: Obwohl diese Erfahrung den erwähnten primitiven Transformationen ausgesetzt ist, ist sie dennoch real. Sonst könnte sie nicht die dauerhaft motivierende Wirkung haben, die selbst in den Deformationen noch sichtbar ist. Dennoch muß jede Philosophie der Geschichte die Tatsache berücksichtigen, daß der Prozeß der Geschichte nicht immanent verläuft, sondern sich in dem Zwischen von inner- und außerweltlicher Realität bewegt. Darüber hinaus wurde dieser Zwischencharakter des Prozesses nicht als eine Struktur in unbegrenzter Zeit erfahren, sondern als eine Bewegung, die eschatologisch endet in einem Zustand jenseits des Zwischen und jenseits der Zeit. Keine Philosophie der Geschichte kann als eine ernsthafte Auseinandersetzung mit den Problemen der Geschichte betrachtet werden, solange sie nicht den grundlegenden eschatologischen Charakter des Prozesses anerkennt.

Das Verständnis der eschatologischen Bewegung erfordert eine Revision der Deformationen, die die Begriffe der klassischen Philosophie durch Interpreten erlitten haben, welche die Natur des Menschen als eine festumgrenzte Einheit verstanden haben wollten. Wie ich bereits angedeutet habe, waren die klassischen Philosophen sich der Frage der Eschatologie nur allzu bewußt. Sie wußten, daß sie mit der Praxis des Sterbens befaßt waren, und daß die Praxis des Sterbens die Praxis des Unsterblichwerdens ist. Die Erweiterung dieser Erfahrung zu einer bestimmten Geschichtsauffassung macht es selbstverständlich unmöglich, Begriffe wie den der Natur des Menschen zu Konstanten in der Realität zu machen. Es bedeutet aber – und darin liegt die Schwierigkeit im Verstehen dieses Problemes – *nicht*, daß man die Natur des Menschen innerhalb der Geschichte verändern kann. Im Prozeß der Geschichte wird die Natur des Menschen lediglich durchsichtig auf ihre eschatologische Bestimmung hin. Dieser Prozeß des Durchsichtigwerdens verändert, obwohl er zum Verständnis der menschlichen Natur und ihrer Probleme beiträgt, nicht das Wesen des Menschen im Hier-und-Jetzt der räumlich-zeitlichen Existenz. Das Bewußtsein der eschatologischen Erwartung ist eine ordnende Kraft in der Existenz. Und vor dem Hintergrund dieses Bewußtseins leuchtet die Auffassung von der menschlichen Existenz als der eines *viator* im christlichen Sinne ein – des Wanderers, des Pilgers hin zu eschatologischer Vollkommenheit. Aber diese Pilgerschaft meint immer ein Suchen und Wandern in *dieser* Welt.

Diese eschatologische Spannung im Menschsein, in den Dimensionen von Person, Gesellschaft und Geschichte ist mehr als nur ein Gegenstand philosophischer Theorie; es ist eine praktische Frage. Wie ich bereits sagte, waren sich Platon und Aristoteles sehr darüber im klaren, daß der Akt des Philosophierens ein Prozeß des Unsterblichwerdens in dieser Welt ist. Die philosophische Reflexion endet nicht mit Platon und Aristoteles; sie setzt sich fort, obwohl jeder Philosoph die Probleme zu gewärtigen hat, mit denen er in seiner konkreten Lebenssituation konfrontiert wird. Während die klassischen Philosophen mit den Schwierigkeiten zu kämpfen hatten, die durch den Niedergang des Mythos und die Aggressivität der Sophisten verursacht wurden, so hat der Philosoph im 20. Jahrhundert mit dem »Meinungsklima« zu kämpfen, wie Whitehead das Phänomen genannt hat. Darüber hinaus muß er die enormen Fortschritte in den Natur- und in den historischen Wissenschaften berücksichtigen und sie mit der Auffassung von menschlicher Existenz in Beziehung setzen. So ergibt sich eine beträchtliche Menge Arbeit, wenn man an die Berge historischen Materials denkt, die in unserer Zeit entdeckt worden sind.

Ein neues Bild von der Geschichte ist im Entstehen begriffen. Die begriffliche Erfassung der Quellen ist die Aufgabe des Philosophen von heute; die Ergebnisse seiner Analysen müssen der allgemeinen Öffentlichkeit, und, wenn er zufälligerweise ein Hochschulprofessor ist, den Studenten vorgelegt werden. Diese Alltagsaufgaben – sich laufend mit den Problemen auseinanderzusetzen, die Quellen zu analysieren und die Ergebnisse der Analyse in der Öffentlichkeit vorzustellen – sind konkrete Handlungen, mit denen der Philosoph an der eschatologischen Bewegung der Geschichte partizipiert und mit denen er der platonisch-aristotelischen Praxis des Sterbens entspricht.

Anmerkung der Übersetzerin

Die »Autobiographischen Reflexionen« Eric Voegelins sind die Abschrift eines Interviews, das der Politikwissenschaftler und Philosoph mit einem seiner Schüler, dem amerikanischen Professor Ellis Sandoz, im Sommer des Jahres 1973 in Sonoma Terrace führte. Entstehungsform und -kontext der hier dargelegten Betrachtungen – Sandoz bereitete eine wissenschaftliche Arbeit über Werk und Vita Voegelins vor und kam zu diesem Zweck knapp zwei Wochen lang täglich für mehrere Stunden mit Voegelin zum Gespräch zusammen – bedingen den besonderen Charakter und Duktus des Textes: Wortwahl und Syntax sind weitgehend umgangssprachlich, inhaltliche Wiederholungen und Sprünge schränken die Stringenz des Erzählten bisweilen ein. Oft schließen theoretisch-philosophische Betrachtungen oder kritische Bemerkungen zur aktuellen gesellschaftlich-politischen Lage in den USA und in Europa unvermittelt an Details aus der eigenen Biographie an – ganz so, wie es beim freien und offenen Reflektieren gegenüber einem vertrauten Gesprächspartner der Fall ist. Damit stellen die »Autobiographischen Reflexionen«, welche ursprünglich nicht für eine Publikation vorgesehen waren, ein lebendiges Zeugnis von der engagierten Persönlichkeit Voegelins dar und fungieren trotz ihres schlichten Charakters und ihrer stellenweisen Ungeschliffenheit als wertvoller Eckstein in dem umfangreichen Gesamtwerk des Denkers.

Grundidee der vorliegenden deutschen Übersetzung ist es, den Sprechtext-Charakter und die Lebendigkeit der »Autobiographischen Reflexionen« möglichst ungeschmälert und -verändert wiederzugeben. Abweichend von der amerikanischen Originalausgabe wurden in einzelnen Kapiteln zusätzliche Absätze zur Akzentuierung der inneren Textstruktur eingezogen.

Biographische Angaben zu Personen im Leben Voegelins

ADLER, MAX (1873–1937): österreichischer Soziologe und Mitbegründer und Theoretiker des Austromarxismus. Adler lehrte als Professor in Wien. Er suchte nach theoretischen Verbindungen von marxistischer Soziologie und kantianischer Erkenntnistheorie (u.a. »Lehrbuch der materialistischen Geschichtsauffassung«; 1930–32)

AFTALION, ALBERT (1874–1956): französischer Volkswirtschaftler russischer Herkunft. Aftalion begründete zusammen mit J. M. Clark die Lehre vom Akzelerationsprinzip als dem Schlüssel zur Erklärung der wirtschaftlichen Konjunktur (u.a. »Les crises périodiques de surproduction«; 1913).

BRUNNER, OTTO (1848–1982): österreichischer Historiker, der von 1931 bis 1935 in Wien und ab 1954 in Hamburg lehrte. Brunner befaßte sich mit der Verfassungsgeschichte des Spät-Mittelalters und der frühen Neuzeit (u.a. »Land und Herrschaft«; 1935)

BRUNSCHVICG, LÉON (1869–1944): französischer Philosoph und Professor an der Sorbonne. Brunschvicg vertrat einen an Kant orientierten erkenntnistheoretischen Idealismus, den er kritisch gegen die empirischen Wissenschaften verwendete. Metaphysische Systeme sind jeweils Spiegelbild der zeitgenössischen Wissenschaftssysteme und deswegen unter wissenschaftsgeschichtlichen Kriterien erforschbar. Brunschvicg ist Herausgeber der maßgeblichen Pacal-Ausgabe. (»Oeuvres complètes«; 1904–1914)

DOPSCH, ALFONS (1868–1953): österreichischer Wirtschafts- und Kulturhistoriker und Mitarbeiter bei den »monumenta Germaniae historica«. Das engere Fachgebiet Dopschs bildete das Fortwirken der Antike im Mittelalter, die Wirtschaftsgeschichte des Mittelalters und die österreichische Geschichte.

EDMAN, IRWIN (1896–1954): amerikanischer Philosoph, der ab 1918 an der Columbia University in New York lehrte. Edman verknüpfte den Pragmatismus James'und Deweys mit der Philosophie Platons; 1936 gab er die Werke Santayanas heraus (»Philosopher's Holiday«; 1936; »Philosopher's Quest«; 1938).

ENGEL-JANOSI, FRIEDRICH VON (1893–1978): österreichischer Historiker, der in Wien und nach der Emigration über Großbritannien in den USA in Cambridge und Washington lehrte. 1959 kehrte er nach Österreich zurück. Engel-Janosis Fachgebiet bildete die österreichische Geschichte des 19. und 20. Jhs., insbesondere die Geschichtsschreibung der österreichisch-vatikanischen Beziehungen (u.a. »Österreich und der Vatikan 1846–1918«; 1958–60).

GIDDINGS, FRANKLIN HENRY (1855–1951): Mitbegründer der amerikanischen Soziologie und Vertreter einer psychologischen Entwicklungstheorie. Seit 1894 lehrte Giddings an der Columbia University in New York. Später widmete er sich Fragestellungen auf dem Gebiet der Methodologie und des Behaviorismus.

GRÜNBERG, CARL (1861–1940): österreichischer Rechts- und Wirtschaftshistoriker. Grünberg lehrte seit 1900 an der Universität Wien, 1924 gründete er das Institut für Sozialforschung in Frankfurt. Er forschte auf dem Gebiet der Agrargeschichte und -politik in der Donaumonarchie, später zur Geschichte des Sozialismus. Grünberg war Mitbegründer der 1893/94 erstmals erscheinenden Zeitschrift für Sozial- und Wirtschaftsgeschichte.

HABERLER, GOTTFRIED (* 1900): amerikanischer Volkwirtschaftler. Haberler lehrte 1928–36 in Wien, anschließend an der Harvard University bis 1971. Seitdem Resident Scholar am American Enterprise Institute/Washington D. C. Von Haberlers wissenschaftlicher Schwerpunkt lag in der Konjunktur- und Außenwirtschaftstheorie (u.a. »Der internationale Handel«; 1933; »Inflation, its causes and cures«; 1960)

HARTMANN, HEINZ (1894–1970): österreichischer Psychoanalytiker; von 1932 bis 1941 Herausgeber der Internationalen Zeitschrift für Psychoanalyse, 1938 Emigration nach Frankreich, 1941 in die USA. In »Ich-Psychologie und Anpassungsproblem« (1939) distanzierte sich Hartmann von der damals noch vorherrschenden Triebtheorie Freuds.

HAYEK, FRIEDRICH AUGUST VON (1899–1992): britischer Volkswirtschaftler und Sozialphilosoph österreichischer Herkunft, Vertreter des Neoliberalismus; von Hayek leitete 1927–31 das von ihm gegründete österreichische Institut für Konjunkturforschung; danach lehrte er an der London School of Economics, der University of Chicago und in Freiburg im Breisgau; Hayek erhielt 1974 zusammen mit K. G. Myrdal den Nobelpreis für Wirtschaftswissenschaften.

KAUFMANN, FELIX (1895–1949): österreichischer Rechtsphilosoph und Vertreter der »Reinen Rechtslehre« in Anlehnung an die Marburger Schule des Neokantianismus. 1938 emigrierte Kaufmann in die USA, wo er an der New School of Social Research in New York Rechtsphilosophie und Methodologie der Sozialwissenschaften lehrte. Kaufmann arbeitete auf dem Gebiet der Wissenschaftstheorie, Logik, Philosophie, Mathematik und des Rechts.

KELSEN, HANS (1881–1973): österreichischer Staatsrechtslehrer, der u.a. in Wien, Köln und Cambridge lehrte. Kelsen ist Autor der österreichischen Verfassung von 1920 und Vater der »Reinen Rechtslehre«, die nach dem Postulat der antiken wissenschaftlichen Trennung von Sein und Sollen die Rechtswissenschaft als eine reine Normwissenschaft frei von allen außerrechtlichen Anleihen im Sinne eines reinen Rechtspositivismus zu begründen versuchte.

MISES, LUDWIG EDER VON (1881–1973): österreichischer Nationalökonom, der in Wien, Genf und New York lehrte. Neben Morgenstern und Hayek Hauptvertreter der jüngeren Grenznutzenschule, einer auf dem Grenznutzenprinzip basierenden Überinvestitionstheorie.

MORGAN, THOMAS HUNT (1866–1945); amerikanischer Genetiker. Morgan lehrte von 1904–28 als Professor an der Columbia

University. Er führte die Taufliege als Versuchstier in die Genetik ein, entdeckte die geschlechtsgebundene Vererbung und den Faktorenaustausch unter den Chromosomen. 1933 erhielt Morgan den Nobelpreis für Medizin.

MORSTEIN-MARX, FRITZ (1900–1969): deutscher Politikprofessor und Beamter; nach seiner Emigration 1933 in die USA lehrt Morstein-Marx in Princeton und Harvard, in den vierziger Jahren ist er in verschiedenen administrativen Positionen. 1962 Rückkehr in die Bundesrepublik, wo er Verwaltungswissenschaft lehrte (u.a. »Das Dilemma des Verwaltungsmanns«; 1965).

MURRAY, GEORGE (GILBERT) (1866–1957): britischer Altphilologe, der in Glasgow und Oxford lehrte. Als besondere Leistung gelten Murrays Übersetzungen der antiken griechischen Dramen.

PORTER, KATHERINE ANNE (1890–1980): amerikanische Schriftstellerin, die vor allem durch ihre Kurzprosa berühmt wurde. Porter war von 1940–62 Gastdozentin und writer-in-residence an verschiedenen amerikanischen Universitäten, u.a. in Stanford. 1966 erhielt sie den Pulitzer-Preis.

RAD, GERHARD VON (1901–1971): deutscher evangelischer Theologe; von Rad lehrte ab 1934 als Professor für das Alte Testament in Jena, wechselte 1946 nach Göttingen und 1949 nach Heidelberg. Von Rads Hauptanliegen galt der Herausarbeitung von kultischen Ritualen als Ursprung der alttestamentarischen Traditionen (u.a. »Theologie des AT«; 1958–60; »Weisheit in Israel«; 1970)

SANTAYANA, GEORGE (1863–1952): amerikanischer Schriftsteller und Philosoph. Santayana stand dem in seiner Zeit in den USA vorherrschenden Pragmatismus distanziert gegenüber und nahm eine Position der Mitte zwischen Materialismus und einem an Platon und Hegel orientierten Idealismus ein. Santayana kritisiert Moral (insbesondere das puritanische Pflichtethos) und Urteilskraft der Vernunft. Hauptwerk: »The Life of Reason and the Phases of Human Progress«; 1905/6)

SCHUMPETER, JOSEPH ALOIS (1883–1950): österreichisch-amerikanischer Nationalökonom. Lehrte u.a. in Graz und Bonn, ab 1931

in Harvard. Schumpeter entwickelte als einer der Wegbereiter der Ökonometrie ein geschlossenes Modell der kapitalistischen Dynamik. Dieses Modell diente ihm im weiteren als Ausgangspunkt für eine umfassende Analyse der wirtschaftlichen Entwicklung (u.a. »Theorie der wirtschaftlichen Entwicklung«; 1912).

SPANN, OTHMAR (1878–1950): österreichischer Nationalökonom, Soziologe und Philosoph; ab 1909 lehrte Spann als Professor in Brünn, ab 1919 in Wien. 1938 wurde er seines Amt enthoben. Spann entwickelte im Rahmen einer idealistischen Metaphysik eine universalistische Lehre, nach der die Gesellschaft keine Summe von Individuen, sondern das »Erstwesentliche«, das Ganze, ist.

STERN, CURT (* 1902): deutsch-amerikanischer Genetiker, der in Berlin und ab 1933 in den USA lehrte. Er bewies 1930 durch Versuche an der Fruchtfliege, daß Chromosomen beim Crossing-Over Teile austauschen.

VERDROSS, ALFRED (1890–1980): österreichischer Jurist an der Universität Wien, gehörte von 1957 bis 1964 der Völkerrechtskommission der Vereinten Nationen an, von 1958 bis 1977 war er am Europäischen Gerichtshof für Menschenrechte tätig.

WIESER, FRIEDRICH FREIHERR VON (1851–1926): österreichischer Nationalökonom und Hauptvertreter der Wiener Schule der Nationalökonomie, die die Theorie des Grenznutzens als einer Preis- und Verteilungstheorie entwickelte.

WAELDER, ROBERT (1900–1967): österreichischer Psychoanalytiker; gehörte von 1925 bis 1938 dem psychoanalytischen Institut Wien und dem Kreis um Freud an; lehrte nach seiner Emigration 1938 unter anderem in Boston und Princeton. Im Zentrum seiner Arbeit stand die Anwendung der Psychoanalyse auf politische und soziale Fragen.

BIBLIOGRAPHIE DER SCHRIFTEN VON ERIC VOEGELIN

Peter J. Opitz
(Stand Frühjahr 1993)

I. Selbständige Veröffentlichungen

(1) 1928 *Über die Form des amerikanischen Geistes.* Tübingen, J. C. B. Mohr, 246 S.

(2) 1933 *Rasse und Staat*, Tübingen, J. C. B. Mohr, 227 S.

(3) 1933 *Die Rassenidee in der Geistesgeschichte von Ray bis Carus.* Berlin, Junker & Dünnhaupt, VIII + 160 S.

(4) 1936 *Der Autoritäre Staat.* Wien, Springer, VII + 289 S.

(5) 1938 *Die politischen Religionen.* Wien, Bermann-Fischer, 65 S. 2. Aufl., mit neuem Vorwort, Stockholm, Bermann-Fischer, 1939, 67 S., erschienen in der Schriftenreihe »Ausblicke«.

(6) 1952 *The New Science of Politics/An Introduction.* Chicago, University of Chicago Press, XIII + 193 S.; new foreword by Dante Germino, 1987, XIV + 193 S.

(7) 1956 *Order and History, Vol. I: Israel and Revelation.* Baton Rouge, Louisiana State University Press, XXV + 533 S.

(8) 1957 *Order and History, Vol. II: The World of the Polis*, 389 S.
Order and History, Vol. III: Plato and Aristotle, 383 S.

(9) 1959 *Wissenschaft, Politik und Gnosis*. München, Kösel, 93 S.

(10) 1959 *Die neue Wissenschaft der Politik*. München, Verlag Anton Pustet, 264 S., übersetzt von Ilse Gattenhof; mit einem neuen Vorwort versehene Übersetzung zur deutschen Ausgabe von *The New Science of Politics*. Sonderausgabe Stifterbibliothek im Universitätsverlag Anton Pustet, Salzburg, 1977, Vorwort von Franz-Martin Schmölz, 270 S. In Zusammenarbeit mit dem Eric-Voegelin-Archiv an der Ludwig-Maximilians-Universität München, hg. von Peter J. Opitz. 4., unveränderte Auflage, mit einem Nachwort des Herausgebers, Freiburg – München, Verlag Karl Alber, 1991, 294 S.

(11) 1966 *Anamnesis. Zur Theorie der Geschichte und Politik*. München, R. Piper & Co. Verlag, 395 S.

(12) 1966 *Plato*. Part One von *Plato and Aristotle*. Baton Rouge, Louisiana State University Press, 279 S.

(13) 1968 *Science, Politics and Gnosticism*. Chicago, Regnery, Gateway Editions 168, IX + 114 S.; engl. Übersetzung von *Wissenschaft, Politik und Gnosis* von William J. Fitzpatrick; mit einem Vorwort zur amerikanischen Ausgabe. Im Anhang: *Ersatzreligion*.

(14) 1968 *La Nuova Scienza Politica*. Turin, Borla, 273 S.; ital. Übersetzung von *The New Science of Politics* von Renato Pavetto; mit einer Einführung von A. Del Noce: »Eric Voegelin e la critica dell'idea di modernità.«

(15) 1968 *Zwischen Revolution und Restauration*. Politisches Denken im 17. Jahrhundert. (Hrsg.). München, List Verlag, 180 S.; (= erschienen in der Reihe *Geschichte des politischen Denkens*, Bd. 1, hg. von Jürgen Gebhardt, Manfred Henningsen und Peter J. Opitz).

(16) 1970 *Il Mito del Mondo Nuovo, Saggi sui movimenti rivoluzionari del nostro tempo*. Milano, Rusconi, 153 S.; ital.

Übersetzung von *Ersatzreligion* (S. 19–61) und *Wissenschaft, Politik und Gnosis* (S. 63–151) von Arrigo Munari; mit einer Einführung von Mario Marcolla.

(17) 1972 *Anamnesis: Teoria della Storia e della Politica.* Milano, Giuffré. 269 S.; ital. Übersetzung von *Anamnesis* von Carlo Amirante.

(18) 1974 *Order and History, Vol. IV: The Ecumenic Age.* Baton Rouge, Louisiana State University Press, XVII + 340 S.

(19) 1975 *From Enlightenment to Revolution.* Ed. by John H. Hallowell. Durham, North Carolina, Duke University Press, IX + 307 S.

(20) 1978 *Anamnesis.* Translated and ed. by Gerhart Niemeyer. Notre Dame and London, University of Notre Dame Press, XXII + 217 S.; teilweise Übersetzung der deutschen Ausgabe, mit neuem ersten Kapitel. Nachdruck des ersten Kapitels in: Lawrence, Fred., ed., *The Beginning and the Beyond*, Chico/Cal., 1984, S. 35–41.

(21) 1980 *Conversations with Eric Voegelin*, ed. and with introduction by Eric O'Connor, Thomas More Institute Papers 76, Montreal. Transcript of four lectures and discussions (S. J.) in Montreal in 1965, 1967, 1970 and 1976, 154 S.

(22) 1982 *A Nova Ciencia da Politica.* Pensamento Politico, portugies. Übersetzung von José Viegas Filho. Com apresentao do Prof. Pedro Galvao de Sousa, Editora Universidade Brasilia, 137 S.

(23) 1986 *Ordine e storia. La filosofia politica di Platone.* Bologna; ital. Übersetzung von *Plato*. Teil I von *Plato and Aristotle* von Gianfrancesco Zanetti; mit einer Einführung von Nicola Matteucci.

(24) 1986 *Political Religions*; engl. Übersetzung von *Die Politischen Religionen* von T. J. DiNapoli und E. S. Easterly III mit einer Einleitung von Barry Cooper. Toronto Studies in Theology, vol. 23. Lewiston, N.Y. (Der deutsche Text der 1939er Stockholmer Ausgabe ist im Anhang abgedruckt.)

(25) 1987 *Order and History, Vol. V: In Search of Order*, 120 S.

(26) 1988 *Ordnung, Bewußtsein, Geschichte*. Späte Schriften – eine Auswahl, hg. v. Peter J. Opitz, Stuttgart, Klett-Cotta Verlag. 253 S.

(27) 1989 *Autobiographical Reflections*. Edit., with an introduction, by Ellis Sandoz. Baton Rouge/London, Louisiana State University Press, 123 S.

(28) 1990 *Published Essays* 1966–1985. Edit., with an introduction by Ellis Sandoz. *The Collected Works of Eric Voegelin*, Vol 12. Baton Rouge/London, Louisiana State University Press, 416 S.

(29) 1990 *What is History? And other Late Unpublished Writings*. Edit., with an introduction, by Thomas A. Hollweck and Paul Caringella. *The Collected Works of Eric Voegelin*, Vol. 28, Baton Rouge/London, Louisiana State University Press, 256 S.

(30) 1991 *The Nature of the Law and Related Legal Writings*. Ed. by Robert Anthony Pascal, James Lee Babin, and John William Corrington. *The Collected Works of Eric Voegelin*, Vol. 27, Baton Rouge/London, Louisiana State University Press, 119 S.

(31) 1992 *Nowa nauka polityki*. Warszawa, Alethcia, 170 S.; poln. Übersetzung von *The New Science of Politics* von Pawel Spiewak; mit einem Vorwort von Pawel Spiewak.

(32) 1993 *Autobiographische Reflexionen.* Aus dem Englischen von Caroline König, hg., eingeleitet und mit einer Gesamtbibliographie der Veröffentlichungen Voegelins von Peter J. Opitz. München, Wilhelm Fink Verlag (Periagoge), 186 S.

(33) 1993 *Die politischen Religionen.* Mit einem Vorwort von Peter J. Opitz, hg. von Peter J. Opitz. München, Wilhelm Fink Verlag (Periagoge), 82 S.

(34) 1993 *Das Volk Gottes.* Aus dem Englischen von Heike Kaltschmidt, hg. von Peter J. Opitz. München, Wilhelm Fink Verlag (Periagoge), 120 S.

II. Aufsätze

(1) 1922 Die gesellschaftliche Bestimmtheit soziologischer Erkenntnis. Eine soziologische Untersuchung. *Zeitschrift für Volkswirtschaft und Sozialpolitik,* Wien und Leipzig, Franz Deuticke, Neue Folge, 2. Bd., 4.–6. Heft, S. 331–348.

(2) 1924 Reine Rechtslehre und Staatslehre. *Zeitschrift für Öffentliches Recht,* Wien und Leipzig, Franz Deuticke, IV. Bd. 1. u. 2. Heft, S. 80–131.

(3) 1925 Über Max Weber. *Deutsche Vierteljahrsschrift für Literaturwissenschaft und Geistesgeschichte,* Halle, Niemeyer, Bd. III, S. 177–193.

(4) 1925 Die Zeit in der Wirtschaft. *Archiv für Sozialwissenschaft und Sozialpolitik,* Tübingen, J. C. B. Mohr, 53. Bd., Heft 1, S. 186–211.

(5) 1926 Die Verfassungsmäßigkeit des 18. Amendments zur United States Constitution. *Zeitschrift für Öffentliches*

Recht, Wien und Berlin, Julius Springer, Bd. V, Heft 3, S. 445–464.

(6) 1926 *Wirtschafts- und Klassengegensatz in Amerika. Unterrichts-Briefe des Instituts für angewandte Soziologie*, 6. Brief, Jg. 1926/27, S. 6–11.

(7) 1927 Zur Lehre von der Staatsform. *Zeitschrift für Öffentliches Recht*, Wien und Berlin, Julius Springer, Bd. VI, Heft 4, S. 572–608.

(8) 1927 Kelsen's Pure Theory of Law. *Political Science Quarterly*, New York, Vol. XLII, No. 2, S. 268–276.

(9) 1927 La Follette und die Wisconsin-Idee. *Zeitschrift für Politik*, Berlin, Carl Heymann, XVII. Bd., Heft 4, S. 309–321.

(10) 1928 Konjunkturforschung und Stabilisation des Kapitalismus. *Mitteilungen des Verbandes österreichischer Banken und Bankiers*, Wien, IX. Jg., Nr. 9/10, S. 252–259.

(11) 1928 Der Sinn der Erklärung der Menschen- und Bürgerrechte von 1789. *Zeitschrift für Öffentliches Recht*, Wien und Berlin, Julius Springer, Bd. VIII, Heft 1, S. 82–120.

(12) 1928 Zwei Grundbegriffe der Humeschen Gesellschaftslehre. *Archiv für angewandte Soziologie*, Berlin, Selbstverlag des Instituts für angewandte Soziologie, Jg. 1, Heft 2, S. 11–16.

(13) 1928 Die ergänzende Bill zum Federal Reserve Act und die Dollarstabilisation. *Mitteilungen des Verbandes österreichischer Banken und Bankiers*, Wien, X. Jg., Nr. 11/12, S. 321–328.

(14) 1928 Die ergänzende Bill zum Federal=Reserve=Act. *Nationalwirtschaft, Blätter für organischen Wirtschaftsaufbau*,

Berlin, Nationalwirtschaft GmbH, 2. Jg., 2. Heft, S. 225–229.

(15) 1929 Die Souveränitätstheorie Dickinsons und die Reine Rechtslehre. *Zeitschrift für Öffentliches Recht*, Wien und Berlin, Julius Springer, Bd. VIII, Heft 3, S. 413–434.

(16) 1929 Die Transaktion. *Archiv für angewandte Soziologie*, Berlin, Selbstverlag des Instituts für angewandte Soziologie, Jg. I, Heft 4/5, S. 14–21.

(17) 1930 Die amerikanische Theorie vom Eigentum. *Archiv für angewandte Soziologie*, Berlin, Selbstverlag des Instituts für angewandte Soziologie, Jg. II, Heft 4, S. 165–172.

(18) 1930 Die amerikanische Theorie vom ordentlichen Rechtsverfahren und von der Freiheit. *Archiv für angewandte Soziologie*, Berlin, Junker & Dünnhaupt, Jg. III. Bd., Heft 1, S. 40–57.

(19) 1930 Die österreichische Verfassungsreform von 1929. *Zeitschrift für Politik*, Berlin, Carl Heymann, XIX. Bd., Heft 9, S. 585–615.

(20) 1930 Max Weber. *Kölner Vierteljahrshefte für Soziologie*, München, Duncker & Humblot, Jahrgang IX, Heft 1/2, S. 1–16.

(21) 1930 Die Einheit des Rechts und das soziale Sinngebilde Staat. *Internationale Zeitschrift für Theorie des Rechts*. Brünn, Rudolf M. Rohrer, Jg. 1930/31, Heft 1/2, S. 58–89.

(22) 1931 Die Verfassungslehre von Carl Schmitt. Versuch einer konstruktiven Analyse ihrer staatstheoretischen Prinzipien. *Zeitschrift für Öffentliches Recht*, Wien und Berlin, Julius Springer, Bd. XI, Heft 1, S. 89–109.

(23) 1931 Das Sollen im System Kants. Gesellschaft, Staat und Recht, *Untersuchungen zur Reinen Rechtslehre. Festschrift für Hans Kelsen zum 50. Geburtstag*, hg. von Alfred Verdross, Wien, Julius Springer, 1931, S. 136–173.

(24) 1932 »Nachwort« zu *Die Kunst des Denkens*. Ein Buch für Jedermann von Ernst Dimnet. Herder & Co GmbH Verlagsbuchhandlung, Freiburg i. Br., 1932, S. 279–296.

(25) 1935 Le Régime Administratif. Avantages et Inconvénients, zusammen mit Adolf Merkl. *Mémoires de l'Académie Internationale de Droit Comparé*, Tome II, Troisième Partie, Paris. Recueil Sirey, S. 126–149.

(26) 1935 Rasse und Staat. *Psychologie des Gemeinschaftslebens*, hg. von Otto Klemm, Jena, Gustav Fischer, S. 91–104.

(27) 1936 Volksbildung, Wissenschaft und Politik. *Monatsschrift für Kultur und Politik*, Wien, Österreichischer Kulturverlag, I. Jg., Heft 7, S. 594–603.

(28) 1936 Josef Redlich. *Jur. Blätter*, 65. Jg., Nr. 23, S. 485–486.

(29) 1937 Das Timurbild der Humanisten. Eine Studie zur politischen Mythenbildung. *Zeitschrift für Öffentliches Recht*, Wien, Julius Springer, Bd. XVII, Heft 5, S. 545–582. Nachdruck in: *Anamnesis*, 1966, S. 153–179.

(30) 1937 Changes in the Ideas of Government and Constitution in Austria Since 1918. Three Reports by Otto Brunner, Eric Voegelin and Gregor Sebba. Austrian Memorandum No. 3 of the *International Studies Conference on Peaceful Change*, Paris 1937. League of Nations, Institute for International Intellectual Cooperation.

(31) 1940 Extended Strategy. A New Technique of Dynamic Relations. *The Journal of Politics*, Gainesville, Florida, The Southern Political Science Ass., Vol. 2, No. 2, S. 189–200.

(32) 1940 The Growth of the Race Idea. *The Review of Politics*, Notre Dame, Indiana, University of Notre Dame, Vol. 2, No. 3, S. 283–317.

(33) 1941 Some Problems of German Hegemony. *The Journal of Politics*, Gainesville, Florida, The Southern Political Science Ass., Vol. 3, No. 2, S. 154–168.

(34) 1941 The Mongol Orders of Submission to European Powers, 1245–1255. *Byzantion*, Boston, Mass., The Byzantine Institute, Vol. XV, S. 378–413.
Deutsch in: *Anamnesis*, 1966, S. 179–223.

(35) 1944 Nietzsche, The Crisis and the War. *The Journal of Politics*, Gainesville, Florida, The Southern Political Science Ass., Vol. 6, No. 2, S. 177–212.

(36) 1944 Siger de Brabant. *Philosophy and Phenomenological Research*, University of Buffalo, Vol. IV, No. 4, S. 507–526.

(37) 1944 Political Theory and the Pattern of General History. *The American Political Science Review*, The American Political Science Ass., Vol. XXXVIII, No. 4, S. 746–754.
Nachdruck in: *Research in Political Science.* The Work of the Panels of the Research Committee, American Political Science Association; ed. by Ernest S. Griffith, Chapel Hill, The University of Northern Carolina Press, 1948, S. 190–201.

(38) 1946 Bakunin's Confession. *The Journal of Politics*, Gainesville, Florida, The Southern Political Science Ass., Vol. 8, No. 1, S. 24–43.
Deutsch in: *Anamnesis*, 1966, S. 223–239.

(39) 1947 Plato's Egyptian Myth. *The Journal of Politics*, Gainesville, Florida, The Southern Political Science Ass., Vol. 9, No. 3, S. 307–324.

(40) 1948 The Origins of Scientism. *Social Research*, New York, The Graduate Faculty of Political and Social Science of the New School for Social Research, Vol. 15, No. 4, S. 462–494.
Deutsch: Wissenschaft als Aberglaube. Die Ursprünge des Szientifismus. *Wort und Wahrheit*, Wien, Herder, VI. Jg., Heft 5, 1951, S. 341–360.

(41) 1949 The Philosophy of Existence: Plato's Gorgias. *The Review of Politics*, Notre Dame Indiana, The University of Notre Dame, Vol. 11, No. 4, S. 477–498.

(42) 1950 The Formation of the Marxian Revolutionary Idea. *Review of Politics*, Notre Dame, Indiana, The University of Notre Dame, Vol. 12, No. 3, S. 275–302.
Nachdruck in: *The Image of Man*, ed. M. A Fitzsimons, Thomas T. McAvoy, Frank O. Malley, University of Notre Dame Press, 1959, S. 265–281. Span. Übersetzung, verkürzt 1950 und mit vollem Text 1951: La Formación de la Idea Revolucionaria Marxista, *Hechos e Ideas*, Buenos Aires, 1951, Bd. XXII, S. 227–250. Ital. Übersetzung: La formazione della idea marxiana di rivoluzione, *Caratteri Gnostici della Moderna Politica economica e sociale*. 4 saggi di Eric Voegelin, hg. Giuliano Borghi, mit einem einführenden Essay von Gian Franco Lami, erschienen in der Reihe Nuovi Carteggi, Roma, 1980, S. 81–130.

(43) 1951 Machiavelli's Prince: Background and Formation. *The Review of Politics*, Notre Dame, Indiana, The University of Notre Dame, Vol. 13, No. 2, S. 142–168.

(44) 1951 More's Utopia. *Österreichische Zeitschrift für Öffentliches Recht*, Wien, Julius Springer, Neue Folge, Bd. III, Heft 4, S. 451–468.
Dtsch. Übersetzung von Dietmar Herz: More's Utopia. *Freibeuter*.

(45) 1952 Gnostische Politik. *Merkur*, Stuttgart, Deutsche Verlags-Anstalt, IV. Jg., 4. Heft, S. 301–317.
Ital. Übers.: *Politica Gnostica, Trascendenza e Gnosticismo in Eric Voegelin*, hg. von Giuliano Borghi, mit einem einführenden Essay von Gian Franco Lami, erschienen in der Reihe Nuovi Carteggi, Roma 1979, S. 137–175.

(46) 1952 Goethe's Utopia. *Goethe after Two Centuries*, ed. Carl Hammer, Jr., Louisiana State University Press, Baton Rouge, S. 55–62. Sowie in: Kennikat Press Inc., Port Washington, N. Y., S. 57–62.

(47) 1953 The World of Homer. *The Review of Politics*, Notre Dame, Indiana, The University of Notre Dame, Vol. 15, No. 4, S. 491–523.

(48) 1958 Der Prophet Elias. *Hochland*, München, Kösel, 50. Jg., 4. Heft, S. 325–339.

(49) 1959 Diskussionsbereitschaft. *Erziehung zur Freiheit*, ed. Albert Hunold, Erlenbach-Zürich und Stuttgart, Rentsch, 1959, S. 355–372.
Nachdruck in: *Anamnesis*, 1966, S. 239–253: John Stuart Mill, Diskussionsfreiheit und Diskussionsbereitschaft. Engl. Übers.: On Readiness to Rational Discussion, 1961.

(50) 1959 Demokratie im neuen Europa: Festvortrag anläßlich der Eröffnung der Akademie für Politische Bildung in Tutzing. *Gesellschaft – Staat – Erziehung*, Stuttgart, Ernst Klett/Moritz Diesterweg, 4. Jg., Heft 7, S. 293–300.
Nachdruck in: *25 Jahre Akademie für Politische Bildung*, hg. von der Akademie für Politische Bildung, Tutzing, 1982, S. 20–31.

(51) 1960 El concepto de la »buena sociedad«. *Cuadernos del Congresso pro la Libertad de la Cultura*, Paris, Suplementi 40, S. 25–28.

(52) 1960 Religionsersatz. Die gnostischen Massenbewegungen unserer Zeit. *Wort und Wahrheit*, Freiburg i.Br., Herder, XV. Jahrgang, Heft 1, S. 5–18.
Engl. Übers. im Anhang von: *Science, Politics and Gnosticism*, 1968, S. 81–114. Neu erschienen in: Akademie für Politische Bildung, Tutzing, *Vorträge und Aufsätze*, Heft 3, Juli 1985, 26 S.

(53) 1960 La Société Industrielle à la Recherche de la Raison. Colloques de Rheinfelden, par Raymond Aron, George Kennan, Robert Oppenheimer et autres, Paris, Calmann-Lévy, 1960, S. 44–64.
Dtsch. Übers.: Die industrielle Gesellschaft auf der Suche nach der Vernunft, *Die industrielle Gesellschaft und die drei Welten.* Das Seminar von Rheinfelden, Zürich, EVZ-Verlag, 1961, S. 46–64. Engl. Übers.: Industrial Society in Search of Reason. *World Technology and Human Destiny*, ed. by Raymond Aron, University of Michigan Press, 1963.

(54) 1960 Verantwortung und Freiheit in Wirtschaft und Demokratie. *Die Aussprache*, hg. von der Arbeitsgemeinschaft selbständiger Unternehmer e. V., Bonn, 10. Jg., Heft 6, S. 207–213.

(55) 1960 Der Liberalismus und seine Geschichte. *Christentum und Liberalismus*, Studien und Berichte der Katholischen Akademie in Bayern, Heft 13, ed. Karl Forster, München, Zink, 1960, S. 13–42.
Engl. Übers.: Liberalism and Its History. *The Review of Politics*, Notre Dame, Indiana, The University of Notre Dame, Vol. 36, No. 4, 1974, S. 504–520.

(56) 1960 Historiogenesis. *Philosophisches Jahrbuch*, Freiburg – München 1960, 68. Jg., S. 419–446, und in: *Philosophia Viva*, hg. von M. Müller und M. Schmaus, Freiburg – München 1960.

Umgearbeitet in: *Anamnesis*, 1966, S. 76–116. Umgearbeitet und erweitert in *Order and History, Vol. IV, The Ecumenic Age*, S. 59–113.

(57) 1961 On Readiness to Rational Discussion. *Freedom and Serfdom*, ed. Albert Hunold, Dordrecht-Holland, D. Reidel Publishing Co., 1961, S. 269–284.

(58) 1961 Toynbee's History as a Search for Truth. *The Intent of Toynbee's History*, ed. Edward T. Gargan, Chicago, Loyola University Press, 1961, S. 183–198.

(59) 1961 Les perspectives d'avenir de la civilisation occidentale. *L'Histoire et ses interprétations. Entretiens autour de Arnold Toynbee*, ed. Raymond Aron, La Haye, Mouton & Co., 1961, S. 133–151.

(60) 1962 World Empire and the Unity of Mankind. The Stevenson Memorial Lecture, No. 11, 1961. *International Affairs*, London, The Royal Institute of International Affairs, Vol. 38, No. 2, April 1962, S. 170–183.

(61) 1963 Das Rechte von Natur. *Österreichische Zeitschrift für Öffentliches Recht*, Wien, Julius Springer, Neue Folge, Bd. XIII, Heft 1/2, S. 38–51.
Überarbeitete Fassung eines Vortrags, den Voegelin auf dem vom Internationalen Forschungszentrum für Grundfragen der Wissenschaft in Salzburg veranstalteten Symposium (1.–5. August 1962) unter dem Titel »Das Naturrecht in der politischen Theorie« hielt, in: *Das Naturrecht in der politischen Theorie*, hg. von F. M. Schmölz; sowie Diskussionsbeiträge, S. 117–167. Nachdruck in: *Anamnesis*, 1966, S. 117–133. Engl. Übers.: What is Right by Nature, in: *Anamnesis*, 1978, S. 55–79.

(62) 1963 *History and Gnosis*. The Old Testament and Christian Faith. Essays by Rudolf Bultmann and others, ed. by

Bernhard W. Anderson, New York, Evanston, London, Harper & Row, S. 64–89.

(63) 1964 Ewiges Sein in der Zeit. Zeit und Geschichte. *Dankesgabe an Rudolf Bultmann zum 80. Geburtstag*, ed. Eric Dinkler, Tübingen, J. C. B. Mohr (Paul Siebeck), S. 591–614.
Nachdruck in: *Die Philosophie und die Frage nach dem Fortschritt*, hg. von Helmut Kuhn und Franz Wiedmann, München, Pustet, 1964, S. 267–292.
Nachdruck in: *Anamnesis*, 1966, S. 254–280. Engl. Übers. in: *Anamnesis*, 1978, S. 116–140.

(64) 1964 Demokratie und Industriegesellschaft. *Die unternehmerische Verantwortung in unserer Gesellschaftsordnung*. Veröffentlichungen der Walter-Raymond-Stiftung, Bd. IV, Westdeutscher Verlag, Köln u. Opladen, S. 92–114.
Ital. Übers.: Democrazia e società industriale. *Caratteri Gnostici della Moderna Politica economica e sociale*, hg. von Giuliano Borghi, Roma, 1980, S. 163–195.

(65) 1964 Der Mensch in Gesellschaft und Geschichte. *Österreichische Zeitschrift für Öffentliches Recht*, Bd. XIV, Heft 1/2, Wien, Julius Springer, S. 1–13.
Ital. Übers.: L'uomo nella società e nella Storia, in: *Caratteri gnostici della Moderna Politica economica e sociale*, hg. von Giuliano Borghi, Roma, 1980, S. 131–161.

(66) 1965 Was ist Natur? *Historica*, Festschrift für Friedrich Engel-Janosi, hg. v. H. Hantsch, F. Valsecchi, E. Voegelin, Herder, Wien/Freiburg/Basel, S. 1–18.
Nachdruck in: *Anamnesis*, 1966, S. 134–152. Engl. Übers.: *Anamnesis*, 1978, S. 71–88.

(67) 1965 Die dritte Phase der Industriegesellschaft. Die Interdependenz als Wesensmoment der »Formalistischen Gesellschaft«. *Gesellschaftspolitische Kommentare*, Jg. 11, Nr. 11 vom 1. Juni, S. 123–128.

(68) 1966 Die deutsche Universität und die Ordnung der deutschen Gesellschaft. Die deutsche Universität im Dritten Reich. Mit Beiträgen von Helmut Kuhn u.a., hg. von Ludwig Kotter, München, R. Piper & Co., S. 241–282.
Nachdruck: Universität und Öffentlichkeit: Zur Pneumopathologie der Deutschen Gesellschaft. *Wort und Wahrheit*, 1966, Heft 8/9, S. 497–518. Engl. Übers. von Russell Niel: *The Intercollegiate Review*, Vol. 20, No. 3, 1985, S. 6–27. Nachdruck in: *Collected Works*, Vol. 12, 1990, S. 1–35.

(69) 1966 Was ist Politische Realität? *Politische Vierteljahresschrift*. Zeitschrift der Deutschen Vereinigung für Politische Wissenschaft, 7. Jg., 1966, Heft 1, Westdeutscher Verlag, Köln und Opladen, S. 2–54.
In erweiterter Form in: *Anamnesis*, 1966. S. 283–354. Engl. Übers.: *Anamnesis*, 1978, Part Three, S. 143–213.

(70) 1967 On Debate and Existence. *The Intercollegiate Review*, III, No. 4–5, March/April, S. 143–152.
Nachdruck in: *Collected Works*, Vol. 12, 1990, S. 36–51.

(71) 1967 Immortality: Experience and Symbol. The Ingersoll Lecture 1965. Harvard University School. *The Harvard Theological Review*, Vol. 60, No. 3, S. 235–279.

(72) 1967 Apocalisse e rivoluzione. Vortrag gehalten am 18. 5. 1967 vor der Camera di Commercio di Milano. *Caratteri Gnostici della Moderna Politica economica e sociale*, hg. von Giuliano Borghi, Roma, 1980, S. 45–79.

(73) 1968 Configurations of History. *The Concept of Order*, ed. Paul G. Kuntz, Seattle – London, University of Washington Press, S. 23–42. Discussion by Arnold Toynbee, ebd., S. 43–50.
Ital. Übers.: Configurazioni della storia. Trascendenza e Gnosticismo in Eric Voegelin, hg. von Giuliano

Borghi, Roma, 1979, S. 95–135. Nachdruck in: *Collected Works*, Vol. 12, 1990, S. 95–114.

(74) 1968 Helvétius. Zusammen mit P. Leuschner. *Aufklärung und Materialismus im Frankreich des 18. Jahrhunderts*, (= Geschichte des modernen Denkens) hg. v. Arno Baruzzi, München, 1968, S. 63–97.

(75) 1970 Equivalences of Experience and Symbolization in History. Equivalenze di Esperienza e Simbolizarione nella Storia, S. 439–454. Eternità e Storia: *I valori permanenti nel divenire storico*, Firenze, Vallecci, S. 215–234. Ital. Übers. im selben Band. Ein vom Autor mit kleineren Korrekturen versehener Nachdruck der englischen Version findet sich in: *Philosophical Studies*, Vol. XXVIII, The National University of Ireland, 1981, S. 88–103. Dtsch. Übers. von Helmut Winterholler: Äquivalenz von Erfahrungen und Symbolen in der Geschichte. *Ordnung, Bewußtsein, Geschichte*, 1988, S. 99–126.

(76) 1970 The Eclipse of Reality. *Phenomenology and Social Reality*. Essays in Memory of Alfred Schütz, ed. Maurice Natanson, The Hague, Martinus Nijhoff, S. 185–194.

(77) 1971 The Turn of the Screw. A Prefatory Note by Donald E. Stanford; a Foreword by Robert B. Heilman; a Letter to Robert B. Heilmann (Nov. 13, 1947) and a Postscript: On Paradise and Revolution (January 1970) by Eric Voegelin. *The Southern Review*, Vol. VII, New Series, January 1971, No. 1, S. 3–48.
Nachdruck in: *Collected Works*, Vol. 12, 1990, S. 134–171.

(78) 1971 The Gospel and Culture. *Jesus and Man's Hope*, Vol. II, eds. Donald G. Miller and Dikran Y. Hadidian, Pittsburgh Theological Seminary Press, S. 59–101.
Nachdruck in: *Collected Works*, Vol. 12, 1990, S. 172–212.

(79) 1971 On Hegel – A Study in Sorcery. *Studium Generale*, No. 24, Julius Springer-Verlag 1971, S. 335–368. Nachdruck in: *The Study of Time*, ed. J. T. Fraser, F. C. Haber, G. H. Müller. Berlin – Heidelberg, Julius Springer 1972, S. 418–451. Nachdruck in: *Collected Works*, Vol. 12, 1990, S. 213–255.

(80) 1973 On Classical Studies. *Modern Age*, Chicago, Vol. 17, S. 2–8. Über klassische Studien, *Scheidewege*. Vierteljahresschrift für skeptisches Denken, hg. von F. G. Jünger und M. Himmelheber, 1973, Jg. 3, Heft 3, Frankfurt a.M., S. 238–247.
Nachdruck in: *Collected Works*, Vol. 12, 1990, S. 256–264.

(81) 1973 Philosophies of History. An Interview with Eric Voegelin. *The New Orleans Review*, Loyola University, Vol. III, 1973, No. 2, S. 135–139.

(82) 1974 Reason: The Classic Experience. *The Southern Review*, New Series, April 1974, Vol. X, No. 2, S. 237–264. Nachdruck in: *Anamnesis*, 1978, S. 89–115. Ital. Übersetzung: L'esperienza classica della ragione. *Trascendenza e Gnosticismo in Eric Voegelin*, hg. v. Giuliano Borghi, Roma, 1979, S. 41–93. Dtsch. Übers. von Helmut Winterholler: Vernunft – die Erfahrung der klassischen Philosophen. *Ordnung, Bewußtsein, Geschichte*, 1988, S. 127–165. Nachdruck in: *Collected Works*, Vol. 12, 1990, S. 265–291.

(83) 1975 Response to Professor Altizer's »A New But Ancient God«. *Journal of the American Academy of Religion*, Vol. XLIII, No. 4, S. 765–772.
Nachdruck in: *Eric Voegelin's Thought. A Critical Appraisal*. Ed. by E. Sandoz, S. 189–197. Nachdruck in: *Collected Works*, Vol. 12, 1990, S. 292–303.

(84) 1977 Remembrance of Things Past. Chapter 1 von: *Anamnesis*, 1978. S. 3–13.

Nachdruck in: *Collected Works*, Vol. 12, 1990, S. 304–314.

(85) 1981 Eric Voegelin to Alfred Schuetz. (Es handelt sich hierbei um zwei Briefe von E. Voegelin an A. Schütz vom 1. Januar 1953 »Über das Christentum« und vom 10. Januar 1953 »Über Gnosis« sowie um den Text »In memoriam Alfred Schütz« aus *Anamnesis*; ins Englische übersetzt von Gregor Sebba. *The Philosophy of Order*. Essays on History, Consciousness and Politics. Ed. by Peter J. Opitz and Gregor Sebba, Stuttgart, Klett-Cotta, 1981, S. 449–465.
Dtsch. Originaltext der Briefe in: Korrespondenz zur Neuen Wissenschaft der Politik, Eric Voegelin, Alfred Schütz, Aron Gurwitsch, Leo Strauss, hg. von Peter J. Opitz, Freiburg/München, Verlag Karl Alber, 1993.

(86) 1981 Die Symbolisierung der Ordnung. Dtsch. Übers. der Einleitung von *Israel and Revelation*, S. 1–14, übersetzt von Peter J. Opitz, in: *Politische Studien*, 32. Jg., Nr. 255, Januar/Februar 1981, S. 13–23.
Nachdruck in: *Ordnung, Bewußtsein, Geschichte*, 1988, S. 28–44.

(87) 1981 Der meditative Ursprung philosophischen Ordnungswissens. (Genehmigte Nachschrift der Tonband-Aufnahme eines Vortrages auf dem wissenschaftlichen Symposium »Philosophie heute« vom 22.–24. September 1980 in Tutzing.) *Zeitschrift für Politik*, Jg. 28, Heft 2, Juni 1981, S. 130–137.
Nachdruck in: *Ordnung, Bewußtsein, Geschichte*, 1988, S. 165–179. Engl. Übers.: *The Beginning and the Beyond*, ed. Lawrence, Fred, Chico/Cal. 1984, S. 43–51.

(88) 1981 Menschheit und Geschichte. Deutsche Übersetzung der Einleitung von *The World and the Polis*, S. 1–24. Übersetzt von Peter J. Opitz, in: *Zeitschrift für Politik*,

28. Jg., Heft 2, Juni 1981, S. 150–168. Nachdruck in: *Ordnung, Bewußtsein, Geschichte*, 1988, S. 45–77.

(89) 1981 Die Ordnung der Geschichte enthüllt sich in der Geschichte der Ordnung. Deutsche Übersetzung des Vorworts von *Order and History*, Vol. I., S. IX–XIV. Dtsch. Übers. von Peter J. Opitz in: *Politische Studien*, 32. Jg., Nr. 275, Mai/Juni 1981, S. 23–236. Nachdruck in: *Ordnung, Bewußtsein, Geschichte*. 1988, S. 19–27.

(90) 1981 Wisdom and the Magic of the Extreme: A Meditation. Vortrag auf der Eranos-Konferenz 1977 in Ascona. Der Sinn des Unvollkommenen. The Sense of Imperfection. Le Sens de l'Imperfection, hg. von Adolf Portmann und Rudolf Ritsema, S. 341–409; sowie 38. Vorlesung in den Edward Douglass White Lectures on Citizenship, Louisiana State University, April 22–33, 1980. *The Southern Review*, Vol. 17, April 1981, No. 2, S. 235–287.
Nachdruck in: *Collected Works*, Vol. 12, 1990, S. 315–375.

(91) 1982 The American Experience (Auszug aus einem autobiographischen Gespräch, das Ellis Sandoz mit Voegelin führte und auf Tonband aufnahm). *Modern Age*. A Quarterly Review, Vol. 26, Summer/Fall 1982, No. 3–4, S. 332–333.

(92) 1982 Epilogue: *Eric Voegelin's Thought*. A Critical Appraisal, ed. with an Introduction by Ellis Sandoz. Duke University Press, Durham, N. C., 1982, S. 199–202.

(93) 1983 Consciousness and Order. Eric Voegelins Übersetzung des Vorworts zu *Anamnesis* (1966). *Logos*, Santa Clara University, Vol. 4, 1983, S. 17–24.
Nachdruck in: *The Beginning and the Beyond*, ed. by Fred Lawrence, Chico/Cal. 1984, S. 35–41.

(94) 1984 Responses at the panel discussion of The Beginning of the Beginning, *The Beginning and the Beyond*, ed. by Fred Lawrence, Chico/Cal. 1984, S. 97–110.

(95) 1984 Autobiographical statement at age eighty two. *The Beginning and the Beyond*, ed. by Fred Lawrence, Chico/Cal. 1984, S. 111–31.

(96) 1985 Quod Deus Dicitur. *Journal of the American Academy of Religion*, Vol. LIII, No. 3 (1985), S. 569–584. Nachdruck in: *Collected Works*, Vol. 12, 1990, S. 376–394. Dtsch. Übers. von Peter J. Opitz in: *Ordnung, Bewußtsein, Geschichte*, 1988, S. 180–204.

(97) 1988 Die Größe Max Webers. Bisher unveröffentlichter Vortrag, den Eric Voegelin im Rahmen der Max-Weber-Feier an der Ludwig-Maximilians-Universität München am 23. 6. 1964 hielt. Veröffentlicht in: *Ordnung, Bewußtsein, Geschichte*, 1988, S. 78–98.

(98) 1990 Il Mito del Mondo Nuovo. Introd. di F. Alberoni, trad. di Arringo Munari, Rusconi, Milano, S. XVI–133.

III. Rezensionen

F. Kaufmann: Logik und Rechtswissenschaft. Grundriß eines Systems der reinen Rechtslehre. Tübingen 1922. *Zeitschrift für öffentliches Recht* 3 (1923), S. 707–708.

H. Konrad: Das natürliche System der menschlichen Gesellschaft oder die Entstehung der Arten im periodischen System der sozialen Elemente. Wien 1922. *Zeitschrift für Volkswirtschaft und Sozialpolitik* N. F. 3 (1923), S. 177–179.

F. Kaufmann: Die Kriterien des Rechts. Tübingen 1924. *Archiv für Sozialwissenschaft und Sozialpolitik* 53 (1924), S. 261–263.

C. Lütkens: Staat und Gesellschaft in Amerika. Tübingen 1924. *Archiv für Sozialwissenschaft und Sozialpolitik* 63 (1930), S. 648–653.

Die Verfassungslehre von Carl Schmitt. Versuch einer konstruktiven Analyse ihrer staatstheoretischen Prinzipien: C. Schmitt: Verfassungslehre. München 1928. *Zeitschrift für öffentliches Recht* 11 (1931), S. 89–109.
Ital. Übers.: La dottrina della constitutione Carl Schmitt. Tentativo di analisi costruttiva dei suoi principi teoretico-politico. *Filosofia Politica e Practica del Pensiero,* hg. von Giuseppe Duso, Mailand, Franco Angeli (1988), S. 291–314.

K. Hermann: Die Grundlagen des öffentlichen Rechts. Berlin 1931. *Zeitschrift für öffentliches Recht* 12 (1932), S. 630–631.

E. Jacob: Daniel Defoe, Essay on Projects (1697). Leipzig 1929. *Archiv für Rechts- und Wirtschaftsphilosophie* 25 (1932), S. 397.

F. W. Jerusalem: Gemeinschaft und Staat. Tübingen 1930. Heft 74 (= Recht und Staat in Geschichte und Gegenwart). *Zeitschrift für öffentliches Recht* 13 (1933), S. 764.

M. Rumpf: Politische und soziologische Staatslehre, Tübingen 1933. Heft 98 (= Recht und Staat in Geschichte und Gegenwart). *Zeitschrift für öffentliches Recht* 14 (1934), S. 268–269.

D. Schindler: Verfassungsrecht und soziale Struktur. Zürich 1932. *Zeitschrift für öffentliches Recht* 14 (1934), S. 256–257.

A. E. Zimmern: Nationality and Government, with other War-Time Essays. London; A. E. Zimmern: The Prospects of Democracy and other Essays. London 1929. *Zeitschrift für öffentliches Recht* 14 (1934), S. 269.

A. E. Hoche: Das Rechtsgefühl in Justiz und Politik. Berlin 1932. *Zeitschrift für öffentliches Recht* 14 (1934), S. 270–271.

A. Schütz: Der sinnhafte Aufbau der sozialen Welt. Wien 1932. *Zeitschrift für öffentliches Recht* 14 (1934), S. 668–672.

G. Ebers: Verfassungsrecht. Mannheim – Berlin – Leipzig 1935. *Zentralblatt für die Juristische Praxis* 53 (1935), S. 726–727.

H. Krupka: Carl Schmitts Theorie des »Politischen«. Leipzig 1937. *Zeitschrift für öffentliches Recht* 17 (1937), S. 665.

B. Horvath: Rechtssoziologie. Berlin-Grunewald 1934. *Zeitschrift für öffentliches Recht* 17 (1937), S. 667–671.

P. Berger: Faschismus und Nationalsozialismus. Wien, Leipzig 1934. *Zeitschrift für öffentliches Recht* 17 (1937), S. 671–672.

G. Mosca: The Ruling Class. New York, London 1939. *Journal of Politics* 1 (1939), S. 434–436.

Right and Might: J. B. Scott: Law, the State and the International Community. New York 1939. *Review of Politics* 3 (1941), S. 122–123.
Nachdruck in: *Collected Works*. Vol. 27, S. 84–86.

Two Recent Contributions to the Science of Law: N. S. Timasheff: Introduction to the Sociology of Law. Cambridge/ Mass. 1939. E. Bodenheimer: Jurisprudence. The Philosophy and Method of the Law. New York, London 1940. *Review of Politics* 3 (1941), S. 399–404.
Nachdruck in: *Collected Works*. Vol. 27, S. 87–94.

M. Y. Sweezy: The Structure of the Nazi Economy. Cambridge/ Mass. 1941. E. Frankel: The Dual State. A Contribution to the Theory of Dictatorship. New York 1941. *Journal of Politics* 4 (1942), S. 269–272.

The Theory of Legal Science. A Review: H. Cairns: The Theory of Legal Science. Chapel Hill 1941. *Louisiana Law Review*, Vol. IV (1942), S. 554–571.
Nachdruck in: *Collected Works*. Vol. 27, S. 95–112.

J. H. Hallowell: The Decline of Liberalism as an Ideology With Particular Reference to German Politico-Legal Thought. Berkeley, Los Angeles 1943. *Journal of Politics* 6 (1944), S. 107–109.

C. C. Sforza: Contemporary Italy. Its Intellectual and Moral Origins, tr. by Drake and Denise De Kay. New York 1944. *Journal of Politics* 7 (1945), S. 94–97.

F. L. Schuman: Soviet Politics. At Home and Abroad. New York 1946. *Journal of Politics* 8 (1946), S. 212–220.

G. Eisler, et. al.: The Lessons of Germany. New York 1945. *American Political Science Review* 40 (1946), S. 385–386.

Zu Sanders »Allgemeine Staatslehre«: F. Sanders: Allgemeine Staatslehre. Eine Grundlegung. Brünn, Prag, Leipzig, Wien 1936. *Österreichische Zeitschrift für öffentliches Recht* 1 (1946), S. 106–135.

D. Fellmann (ed.): Post-War Governments of Europa. Gainesville/Florida 1946. *American Political Science Review* 41 (1947), S. 595–596.

R. Schlesinger: Soviet Legal Theory. Its Social Background and Development. New York 1945. *Journal of Politics* 9 (1947), S. 129–131.

E. Cassirer: The Myth of the State. New Haven 1946. *Journal of Politics* 9 (1947), S. 445–447.

J. Huizinga: Homo Ludens: Versuch einer Bestimmung des Spielelements in der Kultur. Basel 1944. *Journal of Politics* 19 (1948), S. 179–187.

J. Bowle: Western Political Thought. A Historical Introduction from the Origins to Rousseau. Jonathan Cape 1947. *Review of Politics* 11 (1949), S. 262–263.

L. Strauss: On Tyranny. An Interpretation of Xenophon's Hiero. New York 1948. *Review of Politics* 11 (1949), S. 241–244.

P. G. Bergin und M. A. Fisch (trs.): G. Vico: The New Science. *Catholic Historical Review* 35 (1949/1950), S. 75–76.

H. Arendt: The Origins of Totalitarianism. New York 1951. *The Review of Politics* 15 (1953), S. 68–85.
Ins Italienische übersetzt: Le Origini del Totalitarismo. Eric Voegelin. *Un interprete del Totalitarismo*, hg. von Giuliano Borghi, mit einem einleitenden Essay von Gian Franco Lami und einem Schlußwort von Eric Voegelin, erschienen in den Nuovi Carteggi. Roma (1980), S. 53–71.

F. Wagner: Geschichtswissenschaft. Freiburg, München 1951. *American Political Science Review* 47 (1953), S. 261–262.

The Oxford Political Philosophers. Besprechung folgender Autoren: A. D. Lindsay: The Essentials of Democracy. Philadelphia 1929; The Modern Democratic State (1943). New York, London 1947. R. G. Collingwood: The New Leviathan, or Man Society, Civilization and Barbarism. Oxford 1942; The Idea of History. Oxford 1946. J. D. Mabbott: The State and the Citizen. An Introduction to Political Philosophy. London 1948. T. D. Weldon: States and Morals. A Study of Political Conflicts. London 1946. E. F. Carritt: Ethical and Political Thinking. Oxford 1947. G. R. G. Mure: The Organic State. Philosophy Vol. XXV, No. 90, 1949. Blackwells Political Texts. Ed. by C. H. Wilson and R. B. McCallum. *The Philosophical Quarterly* 3 (1953), S. 97–114. Dtsch. Übersetzung: Philosophie der Politik in Oxford. *Philosophische Rundschau* 1 (1953/54), S. 23–48.

J. Wild: Plato's Modern Enemies and the Theory of Natural Law. Chicago 1953. R. B. Levinson: In Defense of Plato. Cambridge/Mass. 1953. *American Political Science Review* 48 (1954), S. 859–862.

R. Polin: Politique et Philosophie chez Thomas Hobbes. Paris 1953. *American Political Science Review* 49 (1955), S. 597–598.

IV. Veröffentlichungen über Eric Voegelin. Monographien und Sammelbände

Cooper, B.: *The Political Theory of Eric Voegelin,* Lewiston/New York 1986.

Duso, G.: *Filosofia Politica e Pratica del Pensiero,* Milano 1988.

Faber, R.: *Der Prometheus-Komplex. Zur Kritik der Polit-Theorie Eric Voegelins und Hans Blumenbergs,* Würzburg 1984.

Germino, D.: *Beyond Ideology: The Revival of Political Theory,* New York 1967 / Chicago 1976.

Heilke, Th. W.: *Voegelin and the Idea of Race. An Analysis of Modern European Racism,* Baton Rouge and London: Louisiana State University Press, 1990, S. XVIff, 161.

Keulmann, K.: *The Balance of Consciousness: Eric Voegelin's Political Theory,* University Park: Pennsylvania University Press 1990.

Kirby, J. / Thompson, W. (Hg.): *Voegelin and the Theologian: Ten Studies in Interpretation,* New York 1983.

Lawrence, F.: *The Beginning and the Beyond: Papers from the Gadamer and Voegelin Conferences:* supplementary issue of the Lonergan Workshop V. 4, Chico/Cal. 1984.

McKnight, St. (ed.): *Eric Voegelin's Search for Order in History.* Baton Rouge 1978.

Man in History: A Symposion on the Work of Eric Voegelin. Philosophical Studies, Vol. XXVIII, The National University of Ireland, 1981, 103 S., mit Beiträgen von Joseph McCarroll, David Walsh, Brendan Purcell, Eric Voegelin.

Opitz, P. J. / Sebba, G. (Hg.): *The Philosophy of Order: Essays on History, Consciousness and Politics: For Eric Voegelin on his Eightieth Birthday,* Stuttgart 1981.

Racinaro, R. (Hrsg.): *Ordine e Storia in Eric Voegelin,* Neapel 1988.

Sandoz, E.: *The Voegelinian Revolution. A Biographical Introduction,* Baton Rouge 1981.

Sandoz, E.: *Eric Voegelin's Significance for the Modern Mind,* Baton Rouge 1991.

Sandoz, E.: *Eric Voegelin's Thought. A Critical Appraisal,* Durham 1982.

Sebba, H. / Bueno, A. A. / Boers, H. (ed.): *The Collected Essays of Gregor Sebba. Truth, History, and the Imagination,* Baton Rouge/London 1991.

Webb, E.: *Eric Voegelin: Philosopher of History,* Seattle 1981.

V. Veröffentlichungen über Eric Voegelin. Aufsätze in Zeitschriften und Sammelbänden

Altizer, T.: A new history and a new but ancient god? *Journal of the American Academy of Religion,* XLIII (1975) 757–772.

Anderson, B.: Politics and the transcendent. *Political Science Reviewer,* I (1971 1–29; Nachdruck in St. A. McKnight (ed.), *Eric Voegelin's Search for Order in History,* Baton Rouge 1978.

Arendt, H.: Reply (to Voegelin's review of The Origins of Totalitarianism). *Review of Politics,* XV (1953) 76–84.

Atkins, A.: Eric Voegelin and the decline of tragedy. *Rama Survey,* V (1966) 280–285.

Aufricht, H.: A restatement of political theory: a note on Eric Voegelin's *The New Science of Politics. Western Political Quarterly,* VI (1953) 448–468; Nachdruck in: *Eric Voegelin's Search for Order in History,* ed. by St. A. McKnight, Baton Rouge 1978.

Barraclough, G.: Eric Voegelin and the theory of imperialism. *The Philosophy of Order,* hg. v. Opitz/Sebba, Stuttgart 1981, 173–179.

Baruzzi, A.: Eric Voegelin: Politische Wissenschaft und Geschichtsphilosophie. *Philosophische Rundschau,* XXXI (1984) 216–235.

Bernard, Z.: Voegelin on unbelief and revolution. *Antirevolutionaire Staatkunde,* XLVI (1976) 155–165.

Biral, A.: Voegelin e la restaurazione politica. *Filosofia Politica e Pratica del Pensiero,* a cura di G. Duso, Milano 1988, 53–69.

Brooks, C.: Walker Percy and modern gnosticism. *The Southern Review*, XII (1977) 677–687. Revised version: *The Art of Walker Percy: Strategems for Being*, hg. v. P. Broughton, Baton Rouge 1979, 260–272.

Bueno, A.: Consciousness, time and transcendence in Eric Voegelin's philosophy. *The Philosophy of Order*, hg. v. Opitz/Sebba, Stuttgart 1981, 91–109.

Byrne, P.: The significance of Voegelin's work for the Philosophy of Science. *The Beginning and the Beyond*, ed. by F. Lawrence, Chico/Cal. 1984, 93–97.

Carmody, J.: Plato's religious horizon (an application of Voegelin's hermeneutical principles). *Philosophy Today*, XV (1971) 52–68.

Cavarero, A.: Plato according to Voegelin. *Verifiche*, XV (1986) 449–462.

Chignola, S.: Ordine e ordinamento della storia. Note sulla filosofia della coscienza di Eric Voegelin. *Il Mulino*, XXXV, 5 (1986) 749–774.

Cooper, B.: Voegelin's concept of historiogenesis: An introduction. *Historical Reflections / Réflexions Historiques*, IV (1977) 231–251.

Corrington, J.: Order and History: The breaking of the program. *Denver Quarterly*, X (1975) 115–127.

Corrington, J.: Order and consciousness, consciousness and history: the new program of Voegelin. *Eric Voegelin's Search for Order in History*, ed. by St. A. McKnight, Baton Rouge 1978, 155–196.

Dallmayer, F.: Voegelin's Search for Order. *Journal of Politics*, Vol. 51, No. 2, May 1989, S. 411–430.

Doran, R.: Theology's Situation: Questions to Eric Voegelin. *The Beginning and the Beyond,* ed. by F. Lawrence, Chico/Cal. 1984, 69–93.

Douglass, B.: The Gospel and political Order: Eric Voegelin on the political role of christianity. *Journal of Politics,* XXXVIII (1976) 25–45.

Douglass, B.: A diminished gospel: a critique of Voegelin's interpretation of christianity. *Eric Voegelin's Search for Order in History,* ed. by St. A. McKnight, Baton Rouge 1978, 139–154.

Duso, G.: Filosofia pratica o pratica della filosofia? La ripresa della filosofia pratica ed Eric Voegelin. *Filosofia Politica e Pratica del Pensiero,* a cura di G. Duso, Milano 1988, 159–163.

East, J.: Eric Voegelin and american conservative thought. *Modern Age,* XXII (1978) 114–132.

Eubank, E.: Eric Voegelin. *Soziologische Abenteuer: Earle Edward Eubank besucht europäische Soziologen im Sommer 1934,* hg. v. Dirk Käsler, Opladen 1985, 142–147.

Faber, R.: Eric Voegelin: Gnosis-Verdacht als polit(olog)isches Strategem. *Religionstheorie und Politische Theologie,* hg. v. J. Taubes, München 1984, 230–248.

Fohren, J.: Israels Staatsordnung im Rahmen des alten Orients. *Zeitschrift für Öffentliches Recht,* VIII (1957) 129–148.

Franco, L.: Voegelin e Weber: ambiguità e transparenza. *Il Mulino,* XXXV, 5 (1986) 775–797.

Franco, L.: Idea e simbolo in E. Voegelin. *Filosofia Politica e Pratica del Pensiero,* a cura di G. Duso, Milano 1988, 113–159.

Galli, C.: Strauss, Voegelin, Arendt lettori di Thomas Hobbes: tre paradigmi interpretativi della forma politica nella modernità. *Filosofia Politica e Pratica del Pensiero,* a cura di G. Duso, Milano 1988, 25–53.

Gebhardt, J. / Leidhold W.: Eric Voegelin. *Politische Philosophie des 20. Jahrhunderts,* hg. von K. Gf. Ballestrem und H. Ottmann, München 1990, S. 123–145.

Gebhardt, J.: Die Suche nach dem Grund – Eine zivilisationsgeschichtliche Konstante? *Symbol- und Ordnungsformen im Zivilisationsvergleich,* hg. von der Akademie für Politische Bildung, Tutzing 1990.

Gebhardt, J.: Towards the Process of Universal Mankind: The Formation of Voegelin's Philosophy of History. *Eric Voegelin's Thought. A Critical Appraisal,* Ed. with an introduction by Ellis Sandoz, Durham N.C.: Duke University Press, 1982, S. 67–86.

Gebhardt, J.: Eric Voegelin und die neuere Entwicklung der Geisteswissenschaften. *Zeitschrift für Politik,* Jg. 36, Heft 3, September 1989, S. 251–263.

Gebhardt, J.: Was heißt Philosophieren über Politik heute? *Zeitschrift für Politik,* Jg. 28, Heft 2, Juni 1981, S. 115–126.

Germino, D.: Eric Voegelin's contributions to contemporary political theory. *Review of Politics,* XXVI (1964) 378–403.

Germino, D.: Eric Voegelin's Anamnesis. *The Southern Review,* Jan. (1971) 68–88.

Germino, D.: Two conceptions of political philosophy. *The Post-Behavioral Era,* ed. by G. W. Carey and G. S. Graham Jr., New York 1972, 261–284.

Germino, D.: Preliminary reflections on the Open Society: Bergson, Popper, Voegelin. *The Open Society in Theory and*

Practice, hg. v. D. Germino / K. v. Beyme, The Hague 1974, 1–25.

Germino, D.: Eric Voegelin and the »Between« of human life. *Contemporary Political Philosophers,* ed. by K. Minogue and A. de Crespigny, New York 1975, 100–118.

Germino, D.: Eric Voegelin's framework for political evaluation. *American Political Science Review,* LXXII (1978) 110–121.

Germino, D.: Eric Voegelin. *International Encyclopedia of the Social Sciences,* XVIII (Biographical supplement) N. Y. 1979, 787–790.

Germino, D.: Eric Voegelin on christianity and political theory. *Rivista internazionale di filosofia del diritto,* (1985) 40–64.

Hallowell, J.: Existence in tension: Man in search of his humanity. *Political Science Reviewer,* II (1972) 162–184; Nachdruck in: *Eric Voegelin's Search for Order in History,* ed. by St. A. McKnight, Baton Rouge 1978.

Hallowell, J.: Eric Voegelin: the master path finder revisited. *Modern Age,* XXVI (1982) 397–403.

Havard, W.: The method and results of philosophical anthropology in America. *Archiv für Rechts- und Sozialphilosophie,* XLVII (1961) 395–415.

Havard, W.: Voegelin's diagnosis of the western crisis. *Denver Quarterly,* X (1975) 127–134.

Havard, W.: Notes on Voegelin's contribution to political theory. *Polity,* X (1977) 33–64.

Havard, W.: The changing pattern of Voegelin's conception of history and consciousness. *The Southern Review,* N. S.,

VII (1971) 49–67; rev. u. erw. in: *Eric Voegelin's Search for Order in History*, ed. by St. A. McKnight, Baton Rouge 1978.

Hollweck, Th.: Gedanken zur Arbeitsmethode Eric Voegelins. *Philosophisches Jahrbuch*, LXXXVIII (1981) 136–152.

Kirk, R.: Eric Voegelin's normative labor. *Enemies of Permanent Things*, hg. v. R. Kirk, New Rochelle / New York 1969, 253–281.

Kramm, L.: Gaining the open horizon: Eric Voegelin's search for order. *History of Political Thought*, VII (1986) 511–526.

Kuhn, H.: Das Problem einer philosophischen Historiographie. Zum Werk von Eric Voegelin. *Zeitschrift für Politik*, XXVIII (1981) 116–129.

Lawrence, F.: On »The meditative origin of the philosophical knowledge of order«. *The Beginning and the Beyond*, ed. by F. Lawrence, Chico/Cal. 1984, 53–69.

Lochner, E.: Politische Ordnung und menschliche Existenz: Essay zu Eric Voegelin. *Politische Studien*, XXX (1979) 501–506.

Lonergan, B.: Theology and praxis. *Proceedings of the Catholic Theological Society of America*, XXXII (1977) 1–16.

McCarl, St. R.: Eric Voegelin's Theory of Consciousness. *American Political Science Review*, Vol. 86, No. 1, March 1992, S. 106–111.

McCarroll, J.: Man in search of divine order in history. *Philosophical Studies (Ireland)*, XXVIII (1981) 15–44.

McKnight, St. A.: Recent Developments in Voegelin's Philosophy of History. *Sociological Analysis*, XXXVI (1975) 357–365.

McKnight, St. A.: Voegelin on the modern intellectual and political crisis. *Sociological Analysis,* XXXVII (1976) 265–271.

McKnight, St. A.: The evolution of Voegelin's theory of politics and history, 1944–1975. *Eric Voegelin's Search for Order in History,* ed. by St. A. McKnight, Baton Rouge 1978, 26–45.

Mead, W.: Restructuring reality: signs of the times. *Review of Politics,* XXXIV (1972) 342–366.

Mead, W.: Christian ambiguity and social disorder. *Interpretation,* III (1973) 221–242.

Mercandante, F.: Ordine e »storia della rappresentanza« in Eric Voegelin. *La democrazia plebiscitaria,* a cura di F. Mercandante, Milano 1974, 211–248.

Metz, K.: Unordnung und Geschichte. Historiographische Randbemerkungen zum Werk Eric Voegelins. *Saeculum. Jahrbuch für Universalgeschichte,* XXXIV (1983) 105–125.

Molnar, T.: Eric Voegelin: a portrait, an appreciation. *Modern Age,* XXV (1981) 381–387.

Montgomery, M.: The poet and the disquieting shadow of being: Flannery O'Connor's Voegelinian dimension. *Intercollegiate Review,* XIII (1977) 3–14.

Montgomery, M.: Flannery O'Connor, Eric Voegelin and the question that lies between them. *Modern Age,* XXII (1978) 113–143.

Montgomery, M.: Eric Voegelin and the end of our exploring. *Modern Age,* XXIII (1979) 233–245.

Moulakis, A.: Political reality and history in the work of Eric Voegelin. *The Promise of History,* hg. v. A. Moulakis, Berlin 1986.

Nieli, R.: Eric Voegelin: Gnosticism, mysticism, and modern radical politics. *The Southern Review,* XXIII (1987) 332–348.

Niemeyer, G.: Eric Voegelin's achievement. *Modern Age,* XI (1965) 132–140.

Niemeyer, G.: The order of consciousness. *Review of Politics,* XXX (1968) 251–256.

Niemeyer, G.: Eric Voegelin's philosophy and the drama of mankind. *Modern Age,* XX (1976) 28–39.

Niemeyer, G.: God and Man, World and Society. *The Review of Politics,* Vol. 51, No. 1, Winter 1989, S. 107–123.

Opitz, P. J.: Autorenproträt: Eric Voegelin. *Criticon,* XIX (1973) 200–204.

Opitz, P. J.: Rückkehr zur Realität: Grundzüge der politischen Philosophie Eric Voegelins. *The Philosophy of Order,* hg. v. Opitz/Sebba, Stuttgart 1981, 21–73.

Opitz, P. J.: In Memoriam Eric Voegelin. *Zeitschrift für Politik,* XXXII, 2 (1985) 219–224; Nachdruck in Eric Voegelin: *Ordnung, Bewußtsein, Geschichte,* Stuttgart 1988, 217–227.

Opitz, P. J.: Spurensuche – Zum Einfluß Eric Voegelins auf die politische Wissenschaft in der Bundesrepublik Deutschland. *Zeitschrift für Politik,* Jg. 36, Heft 3, September 1989, S. 235–356.

Opitz, P. J.: Zur Binnenstruktur einer ›ontologisch-normativen‹ Theorie. Versuch einer systematischen Rekonstruktion der politischen Philosophie Eric Voegelins. *Zeitschrift für Politik,* Jg. 36, Heft 4, 1989, S. 370–381.

Opitz, P. J.: Politische Wissenschaft als Ordnungswissenschaft. Anmerkungen zum Problem der Normativität im

Werke Eric Voegelins. *Der Staat,* 30. Band, 1991, Heft 3, S. 349–365.

Opitz, P. J.: »La Nuova Scienza Politica« – Lo Sfondo Biografico e Teorico di un Classico. *Filosofia Politica,* a. VI, n. 1, aprile 1992, S. 67–77.

Opitz, P. J.: Max Weber und Eric Voegelin. *Politisches Denken, Jahrbuch 1992,* hg. von V. Gerhardt, H. Ottmann, M. P. Thompson, Stuttgart – Weimar 1993, S. 26–52.

Opitz, P. J.: Erste Spurensicherungen: Zur Genesis und Gestalt von Voegelins »History of Political Ideas«, in: Eric Voegelin, *Das Volk Gottes,* München 1993.

Porter, J.: A philosophy of history as a philosophy of consciousness. *Denver Quarterly,* X (1975) 96–104.

Price, G.: Confrontation and understanding in the foundation of political philosophy. *Method,* I (1983) 114–133.

Rhodes, J.: Voegelin and christian faith. *Center Journal,* II (1983) 55–105.

Rhodes, J.: Philosophy, revelation, and political theory: Leo Strauss and Eric Voegelin. *Journal of Politics,* XLIX (1987) 1036–1060.

Russel, G.: Eric Voegelin on the Truth of In-Between Life. A Meditation on Existencial Unrest. *Interpretation. A Journal of Political Philosophy,* Vol. 16, No. 3, Spring 1989, S. 415–425.

Rupp, H. K. / Noetzel, Th.: Voegelin, Eric: Episteme und Doxai – eine Verfallsgeschichte des politischen Wissens. Rupp, H. K. / Noetzel, Th.: *Macht, Freiheit, Demokratie. Anfänge der westdeutschen Politikwissenschaft. Bio-*

graphische Annäherungen, Marburg: Schüren, 1991, S. 137–152.

Sandoz, E.: Voegelin's idea of historical form. *Cross Currents,* XII (1962) 41–63.

Sandoz, E.: The philosophical science of politics beyond behaviorism. *The Post-Behavioural Era: Perspectives on Political Science,* ed. by G. W. Carey and G. S. Graham Jr., New York 1972, 285–305.

Schram, G.: Voegelin on Gnosticism. *American Political Science Review,* LXXII (1978) 1362.

Schram, G.: Realism reconsidered: Morgenthau, Kennan, Niebuhr, and Voegelin. *Cresset* (1986) 17–21.

Sebba, G.: Order and disorders of the soul: Eric Voegelin's Philosophy of history. *The Southern Review,* III (1967) 282–310.

Sebba, G.: The present state of political theory. *Polity,* I (1968) 259–270.

Sebba, G.: Prelude and variations on the theme of Eric Voegelin. *The Southern Review,* XIII (1977) 646–676.

Schmoelz, F.: Eric Voegelin und das Rechtsdenken in der Zweiten Republik. *Scientia Canonum. Festgabe für Franz Pototschnig zum 65. Geburtstag,* hg. von H. Paarhammer – A. Rinnerthaler, München: Kovar 1991, S. 141–152.

Shankman, S.: Reason and revelation in the pre-enlightenment: Eric Voegelin's analysis and the case of Swift. *Religion and Literature,* XVI (1984) 1–24.

Smith, P.: Spengler, Toynbee and Voegelin. *The Historian and History,* ed. by P. Smith, New York 1964, 98–109.

Söllner, A. Eric Voegelin. Ein Konservativer in der Grenzsituation. Eric Voegelins Schriften zwischen 1933 und 1938. *Widerspruch: Münchner Zeitschrift für Philosophie,* XIII (1987) 104–108.

Sturm, D.: Politics and divinity: Three approaches in American political thought. *Thought,* LII (1977) 333–365.

Volpi, F.: La rinascita della filosofia pratica in Germania. *Filosofia pratica e scienza politica,* a cura di C. Pacchiani, Abano 1980, 11–97.

Wagner, H.: Agreement in discord: Alfred Schütz and Eric Voegelin. *The Philosophy of Order,* hg. v. Opitz/Sebba, Stuttgart 1981, 74–90.

Wainwright, E. H.: Eric Voegelin – an inquiry into the Philosophy of Order. *Politikon,* V (1978) 67–93.

Wainwright, E. H.: Political gnosticism and the search for order in existence. *Politikon,* VI (1979) 51–62.

Walsh, D.: The scope of Voegelin's philosophy of consciousness. *Philosophical Studies (Ireland),* XXVIII (1981) 45–61.

Walsh, D.: Voegelin's response to the disorder of the age. *Review of Politics,* XLVI (1984) 266–287.

Weatherby, H. L.: Myth, fact and history: Voegelin on christianity. *Modern Age,* XXII (1978) 144–150.

Webb, E.: Eric Voegelin's Theory of Revelation. *The Thomist,* XLII (1978) 95–122.

Webb, E.: In memoriam: Politics and the problem of a philosophical rhetoric in the thought of Eric Voegelin. *Journal of Politics,* XLVIII (1986) 260–273.

Wilhelmsen, F.: Eric Voegelin and the christian tradition. *Christianity and Political Philosophy,* ed. by F. Wilhelmsen, Athens/Georgia 1978, 193–208.

Wiser, J.: Political theory, personal knowledge and public truth. *Journal of Politics,* XXXVI (1974) 661–674.

Wiser, J.: Philosophy as inquiry and persuasion. *Eric Voegelin's Search for Order in History,* ed. by St. A. McKnight, Baton Rouge 1978, 127–138.

Wiser, J.: Eric Voegelin: A study in the renewal of political science. *Polity,* XVIII (1985) 294–312.

Zanetti, G.: Eric Voegelin: alle ricerca dell'ordine politico. *Il Mulino,* XXXIII, 3 (1984) 369–395.

Zanetti, G.: »Concretezza esistenziale« e razionalità della prassi: l'orizzonte moderno della filosofia pratica. *Il Mulino,* XXXV, 6 (1986) 950–970.

Zylstra, B.: Voegelin on unbelief and revolution. *Antirevolutionaire Staatkunde,* XLVI (1976) 155–165.

VI. Unveröffentlichte wissenschaftliche Arbeiten

(1) John Stanley Absher: Order and Disorder in Crabbe's Tales of 1812, Ph.D., Duke University 1986.

(2) Hyun Seung Back: Reality and Knowledge in Voegelins Political Philosophy, Ph.D., Louisiana State University 1989.

(3) Charles Michael Berheide: Methodology and Metaphysics: Karl Popper and the Practice of Political Science, Ph.D., Indiana University 1984.

(4) D. Cole: The Treatment of Thomas Hobbes in Twentieth Century Political Thought, Ph.D., Louisiana State University 1989.

(5) N. da Silva: The Civil Religion of the Modern State: A Historiographical Study, Ph.D., University of California at Davis 1980.

(6) R. Darcus: The persistence of Kant and Hegel as Theological Models: The Realm of Faith versus the Autonomy of Philosophy as the Grounding for the Autonomy of the Human Subject, Ph.D., Concordia University 1981.

(7) M. Franz: Ideology and Pneumopathological Consciousness: Eric Voegelin's Analysis of the Spiritual Roots of Political Disorder, Ph.D., Layola University of Chicago 1989.

(8) M. Henriques: A filosofia Civil de Eric Voegelin, Ph.D., Lisboa, Universidade Catholica Portuguesa, Faculdade de Filosofia 1992.

(9) J. Hoerter: Eric Voegelin and the Eidos of Order: A question concerning Equivalence in Interpretations of Order, M.A., University of Louisville 1982.

(10) G. Hughes: Mystery and Mythe in the Philosophy of Eric Voegelin, Ph.D., Boston College 1989.

(11) S. Inayatallah: Understanding P. R. Sarkar: Epistemic Boundaries, Critical Commentaries and Comparative Analyses, Ph.D., University of Hawaii 1990.

(12) H. Kaltschmidt: Ökologie und Ethik: Der normativ-ontologische Ansatz Eric Voegelins und die Begründung nicht-anthropozentrischer Normen und Werte, M.A., Ludwig-Maximilians-Universität München 1991.

(13) C. König: »Mythos« in der politischen Theorie Eric Voegelins. Definition, Interpretation, Funktionalisierung, M.A., Ludwig-Maximilians-Universität München 1991.

(14) J. Mc Carroll: The Advance from Compactness to Differentiation, M.A., National University of Ireland 1982.

(15) J. Mc Carroll: The Development of Bernhard Lonergan's Understanding of Divine Providence from Grace and Freedom to Insight, Ph.D., Queen's University Belfast 1988.

(16) M. Mayer: Prophecy Without Politics: H. G. Wells and the Spirit of Science, M.Sc., University of Manchester 1978.

(17) M. Morrissey: Conciousness and the Quest for Transcendent Order, Ph.D., Graduate Theological Union 1988.

(18) R. Nieli: From Myth to Philosophy: Eric Voegelin's Theory of Experience and Symbolisation.

(19) O. Nodoushani: Social Systems, Science and Politics, Ph.D., University of Pennsylvania 1987.

(20) M. Paldiel: Realism and Genocide: The »Religious« Nature of Hitler's Antisemitism, Ph.D., Temple University 1982.

(21) R. R. Rosenkranz: Hegel's Soteriology – A Historical Perspective, Ph.D., University of Guelph 1985.

(22) B. Shaw: On the Reasonableness of the Modern Age – Five Critiques, Ph.D., University of North Carolina at Chapel Hill 1982.

(23) N. Styers: Truth and Delusion in Eric Voegelin's Analysis of the Pauline Consciousness, Ph.D., Boston University 1989.

(24) F. J. Turner: Eric Voegelin's Thought and Its Significance for Political Theology, Ph.D., University of Leeds 1990.

(25) D. J. Walsh: Participation in the Order of Divine Being: A Study of Eric Voegelin's Philosophy of Consciousness, M.A., National University of Ireland 1974.

(26) D. J. Walsh: The Esoteric Origins of Modern Ideological Thought: Boehme and Hegel, Ph.D., University of Virginia 1978.

(27) R. A. Watson: A Windmill under a Walnut Shell: Chaucer's House of Fame on the Illusionist Rhetoric of Systems, Ph.D., Stanford 1988.

Eric Voegelin
Die politischen Religionen
Herausgegeben und mit einem Nachwort versehen von Peter J. Opitz
85 Seiten, Franz. Broschur
3-7705-2838-7

Thema dieses Buches sind die politischen Bewegungen der 30er Jahre in Europa, insbesondere der deutsche Nationalsozialismus und der russische Bolschewismus. Die politische Oberfläche durchstoßend, gelingt es Voegelin, den religiösen Wesenskern dieser Bewegung freizulegen und im Rückblick auf die europäische Geistesgeschichte den Prozeß ihrer allmählichen Herausbildung nachzuzeichnen. Zu einer Zeit, da mit dem Bankrott der „Idées générales" auch die politischen Religionen sich endgültig als ruinös erwiesen haben, gewinnt Voegelins Studie aus dem Jahre 1938 eine neue und bezwingende Aktualität.

Eric Voegelin
Das Volk Gottes
Sektenbewegungen und der Geist der Moderne
Herausgegeben, eingeleitet und mit einem Essay von Peter J. Opitz
Aus dem Englischen von Heike Kaltschmidt
160 Seiten, Franz. Broschur
3-7705-2846-8
Reihe: Periagogé

Auch in seiner Studie über das Volk Gottes geht Eric Voegelin der Urgeschichte der politischen Massenbewegung nach, die das 20. Jahrhundert bestimmt haben. Er verfolgt ihre Entwicklung bis tief in das Mittelalter zurück und legt die existentiellen Probleme, wie auch die religiösen Grunderfahrungen frei, die nicht nur zur Entstehung dieser Bewegungen führten, sondern ihnen auch durch die Jahrhunderte hindurch immer wieder neue Mitglieder zuführten. Sie reicht von der Paulikaner Sekte über die Bogumilen, die Katharer, die englischen Lollarden und die böhmischen Hussiten bis in die puritanischen Sektenbewegungen des 16. Jahrhunderts und ihrer Fortsetzung im Utilitarismus und dem Sozialismus der Aufklärung.
Der besondere Reiz und die bis heute andauernde Relevanz der Studie ergibt sich aus dem Bemühen des Autors, diese für die westliche Welt, vor allem für das Projekt Moderne so bedeutsame Sektentradition nicht nur als geistesgeschichtliches Phänomen zu behandeln, sondern auch immer wieder auf ihre Auswirkungen auf unsere Gegenwart und auf die ungebrochene Aktualität der ihnen zugrundeliegenden Geisteshaltung zu verweisen.

Gottfried Küenzlen
Der Neue Mensch
Eine Untersuchung zur säkularen Religionsgeschichte der Moderne
292 Seiten, Franz. Broschur
3-7705-2883-2

»Bevor wir an gewissen philologischen Großzügigkeiten des Werkes herumnörgeln, sollten wir uns dessen Absicht vergegenwärtigen. Küenzlen will nicht Historie um der Historie willen treiben. Er will eine historische und theoretische Handreichung bieten. Er will über Herkunft, Aufstieg und Zerfall der für die Moderne typischen Säkularreligionen aufklären. Geben doch ihre Motive und Imaginationen stets noch den Stoff ab, aus dem die Mixturen gebraut sind, die auf dem Markt von Heil und Heilung heute angeboten werden... Wie ein Leitfaden, so zeigt Küenzlen, zieht sich durch alle Welt- und Lebensentwürfe dieser Schulen und Lager die Suche nach dem Neuen Menschen. Irgendwann taucht am Horizont jeder Bewegung dasselbe lockende Trugbild auf. Der Preis für solche Wiedersehensfreude ist die Entleerung des Begriffs. Was verbindet denn den Neuen Menschen, von dem ein Sexualanarchist wie Otto Groß schwärmte, mit demjenigen der asketischen Quickborn-Bewegung, was hat der politische Messianismus der russischen Intelligenzija mit dem California Dreaming eines Herbert Marcuse gemein? Gewiß, eine Idee vom Neuen Menschen findet immer, wer nur lange genug danach sucht. Aber die ist, wie jene Beispiele (die allesamt von Küenzlen stammen) zeigen, vermutlich nicht das Entscheidende. Worauf es ankommt, ist die Ethik, die sich mit der Idee verbindet.«

Frankfurter Allgemeine Zeitung

Wilhelm Fink Verlag
München

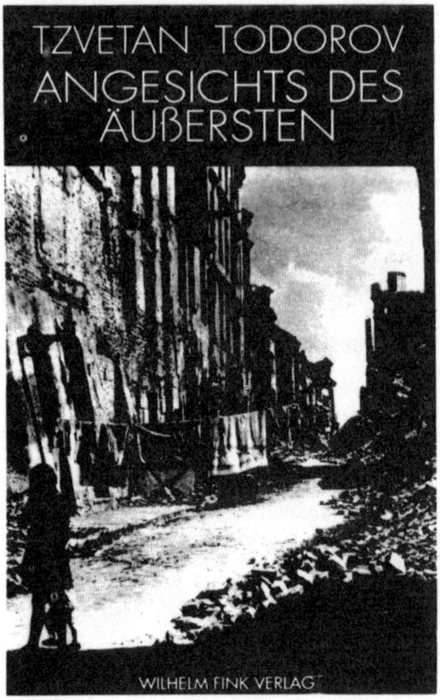

Tzvetan Todorov
Angesichts des Äußersten
Aus dem Französischen von
Wolfgang Heuer und
Andreas Knop
348 Seiten, Franz. Broschur
3-7705-2855-7

»Zum Verdienst der Relektüre der Lagerliteratur, die der bulgarisch-französische Sprachwissenschaftler Tzvetan Todorov vorgelegt hat, gehört es, auf die Tücken und Selbstwidersprüche dieses suggestiven Bildes aufmerksam zu machen. Grauen und Befremden, Schrecken und Distanzierung liegen dicht beieinander. Dabei ist das zwingende Bedürfnis der Überlebenden, das ganz andere der Lager mitzuteilen, jenseits der Diskussion. Doch sowohl Bericht wie Betrachtung müssen sich, stets aufs neue, gleichsam aus einem Sog des Absoluten befreien. Die negative Faszination scheinbar schrankenloser Amoral kann uns blind machen. Etwa so: „Und überhaupt, so sagen wir uns, betreffen uns diese Extremsituationen ja gar nicht".

Indem Todorov den Blick von der Totalität des Terrors zur individuellen Erfahrungswelt der Häftlinge wendet und ihre Berichte aufmerksam aufs neue liest, entsteht eine Nahaufnahme des moralischen Mikrokosmos, die frappierend ist. Das Bild von einem Universum des Terrors bleibt zutreffend, es ist nur, sagen wir – zu grobkörnig. Dieselben Autoren, Levi wie Améry, Antelme wie Fènelon, Buber-Neumann wie Schalamow, die eben noch den Verlust jeglicher Moral konstatierten, berichten nur wenige Seiten später von zahllosen Gesten der Hilfe, Solidarität und Menschlichkeit. Der Verlust *strategischer* Handlungsmöglichkeiten, Zwecke und Mittel effekt- und sinnvoll kalkulieren zu können, geht nicht unbedingt einher mit dem Verlust *moralischer* Optionen.

Die moralische Realität der Lager war vielschichtig, nicht eindimensional; es bestand – freilich in Grenzen – die Möglichkeit der moralischen Entscheidung. Und weil das so ist, folgert Todorov, unterscheidet sich die moralische Struktur der Extremsituation nicht prinzipiell von jener des Alltags. Mit anderen Worten, man kann aus dieser für jene lernen.«

Klaus Naumann in: DIE ZEIT

Wilhelm Fink Verlag
München

Eric Voegelin

Die Neue Wissenschaft der Politik

Eine Einführung

In Zusammenarbeit mit dem Eric-Voegelin-Archiv
der Universität München hg. von Peter J. Opitz
4., unveränderte Auflage 1991 mit einem Nachwort
des Herausgebers und einer Bibliographie
294 Seiten (Band 39 der Reihe Praktische Philosophie)

Das Buch ist ein Klassiker der Politischen Wissenschaft, zugleich eine Programm- und eine Streitschrift. Voegelin unternimmt es, „die Politische Wissenschaft im klassischen Sinne wiederherzustellen, im Gegensatz zu den vorherrschenden Methoden des Positivismus". Sein Rückgriff auf die Tradition gilt der theoretischen Grundlegung einer Wissenschaft von menschlicher und gesellschaftlicher Ordnung und damit dem klassischen Vernunftbegriff: ausdrücklich stellt er die Frage nach dem Wesen der Rationalität ins Zentrum seiner Untersuchungen. Das Schicksal der Rationalität – Entstehung, Entfaltung, Verfall in der Moderne – wird in einer weltgeschichtlichen tour d'horizon vom Alten Orient bis in die unmittelbare Gegenwart dargestellt; zugleich werden die Grundlagen von Voegelins Geschichtsphilosophie entwickelt. Mit der Frontstellung gegen den Positivismus steht Voegelin in der Nachfolge Vicos, der seine Neue Wissenschaft von der Politik und der Geschichte in Opposition zu Galileis Nuova Scienza konzipierte.

Die „New Science of Politics" geht auf die Walgreen Lectures zurück, die Voegelin 1951 unter dem Titel „Truth and Representation" an der Universität Chicago hielt. Das Buch ist in mehrere Sprachen übersetzt worden und das bekannteste Werk Voegelins.

Verlag Karl Alber, Freiburg/München

Eric Voegelin, Alfred Schütz, Leo Strauss und Aron Gurwitsch

Briefwechsel über „Die Neue Wissenschaft der Politik“

In Zusammenarbeit mit dem Eric-Voegelin-Archiv der Universität München hg. von Peter J. Opitz
1993. 158 Seiten (Band 46 der Reihe Praktische Philosophie)

Der Gegenstand dieses Buches ist selbst ein Buch: die „New Science of Politics“; eine Neuauflage der deutschen Ausgabe liegt seit 1991 bei Alber vor: „Die Neue Wissenschaft der Politik“ (siehe vorige Seite).

Schon vor ihrem Erscheinen war die „New Science“ Gegenstand einer umfangreichen Korrespondenz zwischen Voegelin und einigen mit ihm befreundeten Wissenschaftlern. Partner waren vor allem Alfred Schütz, Leo Strauss und Aron Gurwitsch. Die wichtigsten der z. T. bis heute unveröffentlichten Briefe jener Korrespondenz sind in diesem Band zusammengestellt.

Der Briefwechsel ist in doppelter Hinsicht von Bedeutung: Voegelin entfaltet in ihm zentrale Aspekte seines theoretischen Ansatzes erheblich differenzierter als in der „New Science“; die Nachfragen und Einwände seiner Briefpartner identifizieren neuralgische Punkte der „New Science“ und werfen Licht auf ihre eigenen Positionen. Last not least ist die Korrespondenz das Dokument eines auch im Exil anhaltenden Dialogs einiger der bedeutendsten Sozialwissenschaftler des 20. Jahrhunderts.

Verlag Karl Alber, Freiburg/München